教育部人文社会科学研究青年基金项目《农业高科技生物国际贸易的法律调整》（11YJC820110）资助

北京农学院农产品经营与管理类专业建设专项法学专业建设资金资助

农业高科技生物国际贸易法律规则研究

佟占军◎著

图书在版编目（CIP）数据

农业高科技生物国际贸易法律规则研究/佟占军著. —北京：知识产权出版社，2016.9

ISBN 978-7-5130-4511-7

Ⅰ.①农… Ⅱ.①佟… Ⅲ.①农业—生物—高技术产品—国际贸易—贸易法—研究 Ⅳ.①D996.1

中国版本图书馆 CIP 数据核字（2016）第 231591 号

内容提要

本书首先阐述农业高科技生物国际贸易的基本问题，论证其法律调整的必要性。其次，探讨在 WTO 框架下调整农业高科技生物国际贸易的法律规则，以及在多边环境条约中调整农业高科技生物国际贸易的法律规则，并对二者加以比较分析。最后，论述我国调整农业高科技生物国际贸易的法律规则，并对其完善问题提出建议。

策划编辑：蔡 虹
责任编辑：兰 涛   **责任校对**：谷 洋
封面设计：李志伟   **责任出版**：刘译文

农业高科技生物国际贸易法律规则研究
佟占军 著

出版发行：知识产权出版社有限责任公司		网　　址：http://www.ipph.cn	
社　　址：北京市海淀区西外太平庄 55 号		邮　　编：100081	
责编电话：010-82000860 转 8324		责编邮箱：caihong@cnipr.com	
发行电话：010-82000860 转 8101/8102		发行传真：010-82000893/82005070/82000270	
印　　刷：北京嘉恒彩色印刷有限责任公司		经　　销：各大网上书店、新华书店及相关专业书店	
开　　本：787mm×1092mm　1/16		印　　张：14	
版　　次：2016 年 9 月第 1 版		印　　次：2016 年 9 月第 1 次印刷	
字　　数：210 千字		定　　价：39.00 元	

ISBN 978-7-5130-4511-7

出版权专有　侵权必究
如有印装质量问题，本社负责调换。

CONTENTS
目 录

第一章 基本问题研究 ……………………………………… 1
  第一节 高科技生物技术和农业高科技生物 ……………… 1
    一、高科技生物技术 …………………………………… 1
    二、农业高科技生物 …………………………………… 6
  第二节 高科技生物技术及高科技生物的评价 …………… 13
    一、否定高科技生物技术及高科技生物的观点 ……… 13
    二、支持高科技生物技术及高科技生物的观点 ……… 17
    三、中国各方对农业高科技生物的态度 ……………… 25

第二章 农业高科技生物国际贸易及其法律调整的必要性 … 31
  第一节 农业高科技生物国际贸易 ………………………… 31
    一、农业高科技生物的生产情况 ……………………… 31
    二、农业高科技生物国际贸易情况 …………………… 35
  第二节 农业高科技生物国际贸易法律调整的必要性 …… 40
    一、保护人类健康权的需要 …………………………… 40
    二、保护人类环境权的需要 …………………………… 44
    三、保护人类食物权的需要 …………………………… 47
    四、保障消费者知情权的需要 ………………………… 51
    五、维护农业高科技生物国际贸易秩序的需要 ……… 55

第三章 调整农业高科技生物国际贸易的 WTO 诸条约 ······ 62
第一节 《马拉喀什建立世界贸易组织协定》(WTO 协定) ····· 62
一、从 GATT 到 WTO ····· 62
二、WTO 的法律体系 ····· 65
三、WTO 的宗旨与职能 ····· 66
四、WTO 的基本原则 ····· 67
五、WTO 的组织结构 ····· 69
六、WTO 的决策机制 ····· 71
七、WTO 的贸易政策审议 ····· 72

第二节 《农业协议》 ····· 73
一、《农业协议》概述 ····· 73
二、农产品市场准入 ····· 75
三、农产品国内支持 ····· 78
四、农产品出口补贴 ····· 83

第三节 《实施卫生与动植物检疫措施协定》(SPS 协定) ····· 85
一、SPS 协定概述 ····· 85
二、SPS 协定的宗旨 ····· 85
三、SPS 协定的适用范围 ····· 86
四、动植物卫生检疫措施的实施条件 ····· 87
五、有关非疫区和病虫害低度流行区的规定 ····· 90
六、透明度的规定 ····· 90
七、对发展中成员和最不发达成员的特殊规定 ····· 91

第四节 《技术性贸易壁垒协定》(TBT 协定) ····· 92
一、TBT 协定概述 ····· 92
二、TBT 协定的适用范围 ····· 92
三、技术法规 ····· 93
四、标准 ····· 95
五、合格评定程序 ····· 96

  六、对发展中成员的特别规定 …………………………… 98

 第五节　WTO 争端解决机制 ……………………………… 99
  一、WTO 争端解决机制的法律适用 ……………………… 99
  二、WTO 争端解决机制中的组织机构 …………………… 100
  三、WTO 争端解决机制的基本程序 ……………………… 101

第四章　与农业高科技生物国际贸易相关的多边环境条约 …… 105

 第一节　生物多样性公约（CBD 公约）…………………… 105
  一、CBD 公约概述 ………………………………………… 105
  二、CBD 公约的宗旨和目标 ……………………………… 106
  三、保护和持久使用方面的一般措施 …………………… 107
  四、查明与监测 …………………………………………… 108
  五、就地保护 ……………………………………………… 108
  六、移地保护 ……………………………………………… 108
  七、影响评估和尽量减少不利影响 ……………………… 109
  八、遗传资源的取得 ……………………………………… 109
  九、生物技术的处理及其惠益的分配 …………………… 110
  十、争端的解决 …………………………………………… 110

 第二节　卡塔赫纳生物安全议定书（CBP 议定书）……… 111
  一、CBP 议定书概述 ……………………………………… 111
  二、CBP 议定书的一般规定 ……………………………… 112
  三、提前知情同意程序 …………………………………… 113
  四、拟直接作食物或饲料或加工之用的改性活生物体的
    程序 …………………………………………………… 113
  五、风险评估和风险管理 ………………………………… 114
  六、无意中造成的越境转移和应急措施 ………………… 114
  七、处理、包装、运输和标志要求 ……………………… 114
  八、国家主管当局、联络点和生物安全信息交换所 …… 114
  九、能力建设、公众意识和参与 ………………………… 114

第五章 WTO 相关协定与 CPB 议定书的比较分析 …… 116

第一节 宗旨和目的的比较分析 …… 116
一、WTO 相关协定的宗旨和目的 …… 116
二、CPB 议定书的宗旨和目的 …… 118
三、对二者的分析 …… 119

第二节 采取相关措施遵循原则的比较分析 …… 123
一、WTO 相关协定的科学证据原则 …… 123
二、CPB 议定书的预防原则 …… 123
三、对二者的分析 …… 124

第三节 相关措施适用对象的比较分析 …… 129
一、WTO 相关协定的适用对象 …… 129
二、CBP 议定书的适用对象 …… 129
三、对二者的分析 …… 133

第四节 风险评估和风险管理措施的比较分析 …… 135
一、WTO 相关协定中的风险评估和风险管理措施 …… 135
二、CBP 议定书中的风险评估和风险管理措施 …… 138
三、对二者的分析 …… 142

第五节 支持和保障措施的比较分析 …… 145
一、WTO 相关协定中的支持和保障措施 …… 145
二、CBP 议定书中的支持和保障措施 …… 148
三、对二者的分析 …… 151

第六节 处理、运输、包装和标志的比较分析 …… 153
一、WTO 相关协定的规定 …… 153
二、CBP 议定书的规定 …… 154
三、对二者的分析 …… 155

第七节 WTO 诸协定与 CBP 议定书的关系 …… 159

第六章 中国调整农业高科技生物国际贸易的法律规则 …… 162
第一节 中国调整农业高科技生物国际贸易的法律体系 …… 162

一、全国人大制定的法律 ………………………………… 162
　　二、国务院制定的行政法规 ……………………………… 163
　　三、有关部委制定的行政规章 …………………………… 163
　第二节　中国调整农业高科技生物国际贸易的主要法律规定 … 165
　　一、农业高科技生物安全评价制度 ……………………… 165
　　二、农业高科技生物经营许可制度 ……………………… 169
　　三、农业高科技生物追溯制度 …………………………… 170
　　四、农业高科技生物标识制度 …………………………… 170
　　五、农业高科技生物进出口安全管理制度 ……………… 172
　　六、农业高科技生物检验检疫管理制度 ………………… 175

第七章　中国调整农业高科技生物国际贸易法律规则存在的
　　　　问题 ……………………………………………………… 179
　第一节　立法效力层级问题 ………………………………… 179
　第二节　农业高科技生物标识制度不健全 ………………… 180
　　一、要求进行标识的农业高科技生物范围较窄 ………… 180
　　二、农业高科技生物标注方式欠缺 ……………………… 181
　第三节　农业高科技生物追溯制度不健全 ………………… 182
　　一、法律依据不足 ………………………………………… 182
　　二、地区规定不统一 ……………………………………… 183
　　三、追溯执法缺乏协调 …………………………………… 184
　第四节　缺乏农业高科技生物召回制度 …………………… 184
　　一、《缺陷消费品召回管理办法》的相关规定 ………… 185
　　二、《农产品质量安全法》的相关规定 ………………… 186
　　三、《食品召回管理规定》的相关规定 ………………… 186
　第五节　对违法行为的处罚力度不足 ……………………… 187

第八章　中国调整农业高科技生物国际贸易法律规则的完善
　　　　建议 ……………………………………………………… 189
　第一节　重构农业高科技生物进出口法律体系 …………… 189

第二节 完善农业高科技生物标识制度 ……………………… 190
　　一、调整列入标识管理的农业高科技生物目录 …………… 190
　　二、增加标识的标注方式 …………………………………… 190
第三节 健全农业高科技生物追溯制度 ……………………… 191
　　一、全面建立农业高科技生物追溯制度 …………………… 191
　　二、统一各地关于追溯的规定 ……………………………… 192
　　三、统一追溯监管职责 ……………………………………… 192
第四节 确立农业高科技生物召回制度 ……………………… 193
　　一、完善《农产品质量安全法》的规定 …………………… 193
　　二、完善《缺陷消费品召回管理办法》的规定 …………… 194
　　三、制订进、出口高科技生物产品召回的具体规定 ……… 195
第五节 加大对违法行为的处罚力度 ………………………… 196

参考文献 ……………………………………………………… 197

第一章 基本问题研究

第一节 高科技生物技术和农业高科技生物

一、高科技生物技术

(一) 高科技生物技术是现代生物技术的核心内容

高科技生物技术（Transgenic Technology），又称基因（DNA）重组技术，是指重组脱氧核糖核酸技术（Recombinant DNA Technology），它是现代生物技术的核心内容。

对于"生物技术"（Biotechnology）的定义存在差异。有观点认为，生物技术即"生物工程"，是"应用生物科学和工程学的原理来加工生物材料或用生物及其制备物来加工原料，以提供所需商品和社会服务的综合性科学技术"。❶ 有观点认为，生物技术是"以现代生命科学理论为基础，利用生物体及其细胞的、亚细胞的和分子的组成部分，结合工程学、信息学等手段开展研究及制造产品，或改造动物、植物、微生物等，并使其具有所期望的品质、特性，从而为社会提供商品和服务的综合性技术体系"。❷ 有观点认为，生物技术"综合利用生物化学、微生物学和

---

❶ 吴三复. 现代科学技术概论 [M]. 北京：原子能出版社，1992：129.
❷ 刘谦，朱鑫泉. 生物安全 [M]. 北京：科学出版社，2002：4.

工程科学，以获取微生物体、培养的组织细胞及其组分的性能在技术上（工业上）的应用"。❶ 一般认为，生物技术主要包括如下内容。

（1）基因工程。基因工程的基础是 DNA 重组技术，它包括建立重组 DNA 文库和 cDNA 文库、基因克隆、用限制性内切酶剪切 DNA 和重组 DNA、基因转化、基因表达检测、分子杂交、DNA 测序、基因敲除（knocking-out）、基因敲入（knocking-in）等内容。此外，基因工程还延伸到对基因产物——蛋白质的修饰和改造研究方面，这类工程又称为"蛋白质工程"，可以包含在基因工程范畴之内。

（2）细胞工程。细胞工程在细胞生物学和遗传学基础上综合发展，目的是在细胞水平上改造遗传结构和性状，培育新的细胞群体、生物个体或株系。细胞培养或组织培养是细胞工程的核心技术，应用对象包括微生物和动植物。

（3）微生物工程。微生物工程又称发酵工程，是利用微生物用于生产对人类有用的产品，如食品饮料、乙醇、维生素、氨基酸、蛋白质、抗生素、酶制剂、免疫调节剂、心血管药物、核苷酸等。

（4）酶工程和生化工程。酶工程是基于利用酶的催化作用，通过适当反应器生产生物催化剂。其主要包括酶的固化技术、酶结构的改造和酶反应器等方面。

（5）基因组计划引起的新兴生物技术。人类基因组计划的实施衍生出一系列崭新的生物技术，包括全自动核酸测序技术、结构和功能基因组技术、双向凝胶电泳和测序质谱、从整体水平上研究细胞蛋白质的组成及其活动的蛋白质组学技术、便携式生物化学分析器核心的生物芯片技术、用数理和信息科学的观点、理论和方法研究基因和其产物蛋白质的生物信息学技术等。❷

在生物技术中，基因工程是影响最大、发展最迅速、最具突破性

---

❶ ［美］威廉·P. 坎宁安. 美国环境百科全书 [M]. 张坤民，等，译. 长沙：湖南科学技术出版社，2003：71.

❷ 曾北危. 转基因生物安全 [M]. 北京：化学工业出版社，2004：6-7.

的领域。本书对杂交技术、高科技生物技术、基因工程、克隆技术做一个比较分析。杂交技术，是指在同一物种之间或亚物种之间选择优良杂种，然后在同一物种或亚种之间进行重组的技术。传统的杂交技术主要是靠基因的交流和基因的重新组合来创造新物种，是通过染色体（基因）重组所发生的"基因交流"，基本上仍然是按生物自身许可的规律进行。而基因工程和高科技生物技术是"移植"了人工设计和装配的某些特定性状的基因。高科技生物技术是在分子水平上利用现代生物技术将某一生物体上一个或几个具有特定功能的基因转移到另一生物体，以获得人们期望的生物体或产品的技术。基因工程，也称为基因操作、遗传工程或重组 DNA 技术，是一项将生物的某个基因通过基因载体运送到另一种生物的活性细胞中，并使之无性繁殖（克隆）和行使正常功能（表达），从而创造生物新品种或新物种的遗传学技术。高科技生物技术与基因工程技术没有本质区别，基因工程是高科技生物技术的应用。"克隆"一词是英语 clone 或 cloning 的音译，是指人工诱导的无性繁殖方式。我国过去曾译为"无性生殖"或"无性繁殖"，但这些都不能完整表达其含义，后改为音译"克隆"❶。

《卡塔赫纳生物安全议定书》第 3 条界定了"现代生物技术"，"现代生物技术是指下列技术的应用：a. 试管核酸技术，包括重新组合的脱氧核糖核酸（DNA）和把核酸直接注入细胞或细胞器，或 b. 超出生物分类学科的细胞融合，此类技术可克服自然生理繁殖或重新组合障碍，且并非传统育种和选种中所使用的技术。"前者即高科技生物技术，后者是细胞技术。

（二）基因的发现和发展

"基因"英语为"gene"，是 DNA（脱氧核糖核酸）分子中含有特定遗传信息的一段核苷酸序列的总称，是具有遗传效应的 DNA 分子片段，是控制生物性状的基本遗传单位，是生命的密码，记录和传递着

---

❶ 毛新志. 转基因食品的伦理问题与公共政策［M］. 武汉：湖北人民出版社，2010：14.

遗传信息。地球生物包括数量巨大、种类繁多、形态各异的动物、植物和微生物，其生存环境和生活习性各不相同，这都是由基因控制的。物种的生物学特征和特性由基因决定，可以遗传。一个基因编码一个蛋白质，蛋白质的功能决定生物体表现出来的特征特性。❶

  基因论与量子论、相对论、信息论、结构论共同构成 20 世纪五大科学基础理论。现代遗传学的创始人奥地利生物学家孟德尔（Gregor Medel）在豌豆实验基础上于 1865 年推论有遗传"因子"存在。1900 年，荷兰的德弗里斯（Devries）、德国的柯伦斯（Correns）、奥地利的丘歇马克（Tschermark）三位不同国籍的植物学家分别重新发现了孟德尔的遗传定律，史称"孟德尔的再发现"。1908 年，丹麦生物学家约翰森（Wilhelm Johannsen）提出"基因"（gene）一词代替孟德尔提出的遗传因子，并首先提出基因型（genotype）和表现型（phenotype）的概念，把遗传基础和表现性状区别开来。美国遗传学家摩尔根（Thomas Hunt Morgan）于 1926 年出版《基因论》一书，指明染色体是基因的物质载体，为基因理论奠定基础。随后经过众多生物学家近 30 年的不断努力，相继认识到基因的化学物质是由四种碱基组成的脱氧核糖核酸（DNA）。1953 年，美国生物学家沃森（James Watson）和英国物理学家克里克（Francis Crick）根据 X 射线衍射分析提出 DNA 的双螺旋模型。20 世纪 60 年代，基因发展成为遗传信息的概念，即核酸携带着遗传信息，以密码形式储存在核酸自身结构的排序之中。美国生物化学家尼伦伯格（Nivenberg）和印度裔美籍生物化学家科拉纳（Khorana）等人于 1967 年完成了全部 64 个遗传密码的破译工作，从而据此提出遗传信息传递的中心法则（central dogma）。1970 年，美国病毒学家特明（Temin）在劳斯（Rous）肉瘤病毒体内发现一种能以 RNA 为模板合成 DNA 的酶，称为"反转录酶"（Revers Transcriptase）。❷

---

  ❶ 农业部农业高科技生物安全管理办公室. 什么是基因？[EB/OL]. http://www.moa.gov.cn/ztzl/zjyqwgz/zswd/201303/t20130331_3420006.htm. 2015 - 04 - 14.
  ❷ 曾北危. 转基因生物安全 [M]. 北京：化学工业出版社，2004：1 - 3.

在基因发现和发展的基础上,高科技生物技术得以产生和发展。

(三) 高科技生物技术的产生和发展

高科技生物技术是利用现代生物技术,将人们期望的目标基因,经过人工分离、重组后,导入并整合到生物体的基因组中,从而改善生物原有的性状或赋予其新的优良性状。除了转入新的外源基因外,还可以通过高科技生物技术对生物体基因的加工、敲除、屏蔽等方法改变生物体的遗传特性,获得人们希望得到的性状。这一技术的主要过程包括外源基因的克隆、表达载体构建、遗传转化体系的建立、遗传转化体的筛选、遗传稳定性分析和回交转育等。❶

1970 年,Smith Wilcox 和 Kelly 分离了第一个核酸限制性内切酶。1972 年,Jackson 和 Berg 利用限制性内切酶和连接酶,得到第一个体外重组的 DNA 分子,重组 DNA 技术产生。重组 DNA 技术可以从生物体最基础的遗传物质(DNA)水平上来改造生物体,将生物技术带入了基因工程时代,人类掌握了可以按自己意愿设计和构建生物体的关键技术,可以把它用来创造新的生物种、品种,或用来诊断、治疗疾病。❷目前,高科技生物技术在动物、药物和农作物等方面都有所应用。

高科技生物技术可以按照人的意愿创造自然界里原本不存在的生命形态或物种,克服物种的遗传屏障。通过运用高科技生物技术,可以在一种生物基因中加入来自另一物种的外源性基因,从而产生一种具有新的性状与功能的生物。在原有生物的 DNA 中插入新的外源性目的基因是一个非自然过程,原有生物的 DNA 片段可能被打乱重排或者被删除,外源性基因的插入会改变生物原有的生物化学途径与新陈代谢反应,这种基因修改超越了传统物种演变的范畴。

在运用传统的杂交技术时,在目标基因之外还伴随着其他非必要基因的混入,因此要培育出理想的作物需要经过几代的筛选。而通过

---

❶ 农业部农业高科技生物安全管理办公室. 什么是高科技生物技术?[EB/OL]. http://www.moa.gov.cn/ztzl/zjyqwgz/zswd/201303/t20130331_3420007.htm. 2015-04-14.

❷ 曾北危. 转基因生物安全[M]. 北京:化学工业出版社,2004:5.

高科技生物技术，能够做到对一个目标基因的精准操作，避免了非必要基因的混入。现代高科技生物技术还能够突破动植物的基因界限，亲缘关系很远的基因也可能被转移到受体之中。在早期，运用现代生物技术改造的生物被表述为"Transgenic Organisms"，即高科技生物，所运用的技术就是所谓的"高科技生物技术"。但是，现代生物技术不断发展，能够通过"对特定生物的自身遗传物质 DNA 的加工、敲除或者屏蔽等方法，改变该生物体的遗传特性，从而获得人们所希望得到的性状"❶，也就是在不导入外源基因的情况下改造生物。这种生物是在没有转入外援源基因的情况下改造的，"高科技生物技术"一词已经不能全面表达现代生物技术。进而，"Genetically Modified Organisms (GMOs)"，即"基因修饰生物"一词代替了早期的"Transgenic Organisms"，所运用的技术被称为"基因修饰技术"。

本书将使用"高科技生物""高科技农产品"和"高科技生物技术"等术语。本书作者如无特别注明，"高科技生物""高科技农产品"和"高科技生物技术"等与"基因修饰生物""基因修饰农产品"和"基因修饰技术"等在同等意义上使用。

二、农业高科技生物

（一）相关概念界定

根据我国国务院颁布实施的《农业高科技生物安全管理条例》(2011 年修订) 第3 条指出，农业高科技生物，是指利用基因工程技术改变基因组构成，用于农业生产或者农产品加工的动植物、微生物及其产品，主要包括：高科技动植物（含种子、种畜禽、水产苗种）和微生物；高科技动植物、微生物产品；高科技农产品的直接加工品；含有高科技动植物、微生物或者其产品成分的种子、种畜禽、水产苗种、农药、兽药、肥料和添加剂等产品。根据上述定义，农业高科技

---

❶ 王明远."转基因生物安全"法律概念辨析[J]. 法学杂志, 2008 (1).

生物可以从以下两方面加以界定。

1. 农业高科技生物是高科技生物的重要组成部分

通过运用高科技生物技术可以获得高科技生物。"高科技生物是指通过高科技生物技术改变基因组构成的生物。高科技生物又称为'基因修饰生物',英文是 Genetically Modified Organism,通常用英文缩写 GMO 来表示。高科技生物还被称为基因工程生物、现代生物技术生物、遗传改良生物体、遗传工程生物体、具有新性状的生物体、改性活生物体等。❶"

高科技生物可以分为高科技植物、高科技动物和高科技微生物。高科技植物主要有抗除草剂高科技植物、抗虫高科技植物、抗病毒高科技植物、抗真菌高科技植物、抗细菌高科技植物、抗环境胁迫高科技植物、发育调节高科技植物(包括控制果实成熟的高科技植物、雄性不育高科技植物、改良品质高科技植物等)。在高科技动物中,1990年高科技小鼠首先试验成功,后来高科技大鼠、高科技家兔、高科技家畜(包括牛、羊、猪等大动物)相继出现。❷

高科技微生物可以用于药物生产、食品工业用酶制剂生产、环境中有机污染物降解、环境中重金属富集,以及燃料生产等多种用途。细菌遗传结构简单,是最先在实验室里进行高科技操作的生物。高科技微生物最主要的用途是生产用于医药的人类蛋白。运用基因工程技术可以把蛋白质基因(目的基因)从细胞中分离出来后合成人类所需要的蛋白质。如利用高科技细菌生产用于治疗糖尿病的人胰岛素,用于治疗血友病的凝血因子,以及用于治疗侏儒症的人生长激素等。❸

而农业高科技生物涵盖了高科技植物、高科技动物和高科技微生物,是高科技生物的重要组成部分,目前世界范围内商业化迅速发展

---

❶ 农业部农业高科技生物安全管理办公室. 什么是转基因生物?[EB/OL]. http://www.moa.gov.cn/ztzl/zjyqwgz/zswd/201303/t20130331_3420008.htm. 2015-04-14.
❷ 曾北危. 转基因生物安全[M]. 北京:化学工业出版社,2004:10-19.
❸ 农业部农业高科技生物安全管理办公室,中国农业科学院生物技术研究所,中国农业生物技术学会. 转基因30年实践[M]. 北京:中国农业科学技术出版社,2012:5.

的是大豆、玉米、棉花等农业高科技生物。

2. 食用农业高科技生物属于食品的范畴

第十二届全国人民代表大会常务委员会第十四次会议修订通过的《中华人民共和国食品安全法》(以下简称《食品安全法》),自 2015 年 10 月 1 日起施行。该法第 150 条规定,食品是指各种供人食用或者饮用的成品和原料,以及按照传统既是食品又是中药材的物品,但是不包括以治疗为目的的物品。"从食品安全立法和管理的角度,广义的食品概念还包括:生产食品的原料,食品原料种植、养殖过程接触的物质和环境,食品的添加剂物质,所有直接或间接接触食品的包装材料、设施,以及影响食品原有品质的环境。"❶

《食品安全法》第 2 条规定,供食用的源于农业的初级产品(以下称"食用农产品")的质量安全管理,遵守《中华人民共和国农产品质量安全法》的规定。但是,食用农产品的市场销售、有关质量安全标准的制定、有关安全信息的公布和本法对农业投入品作出规定的,应当遵守本法的规定。该法第 151 条规定,高科技生物食品和食盐的食品安全管理,本法未作规定的,适用其他法律、行政法规的规定。

第十届全国人民代表大会常务委员会第二十一次会议通过了《中华人民共和国农产品质量安全法》(以下简称《农产品质量安全法》),该法自 2006 年 11 月 1 日起施行。该法第 2 条规定,农产品是指来源于农业的初级产品,即在农业活动中获得的植物、动物、微生物及其产品。

食用高科技农产品又被称为高科技生物食品,属于食品的范畴。有观点认为,"高科技生物食品系指通过现代生物技术,人为的对生物体的遗传特质及性能进行改造,从而使其在品质、营养成分和口味等方面按照人们的意愿发生改变,从而得到的直接用于食用或作为原材料深加工而生产出来的食品。"❷ 农业部农业高科技生物安全管理办公

---

❶ 王辉霞. 食品安全多元治理法律机制研究 [M]. 北京:知识产权出版社,2012:1-2.

❷ 刘云,祝建华. 关于全球化下中国转基因食品的公共政策的研究综述 [J]. 科教文汇,2007 (5).

室发布的资料认为,"高科技生物食品是指以高科技生物为原料制作加工而成或鲜食的食品,按原料的来源可分为植物源高科技生物食品、动物源高科技生物食品和微生物源高科技生物食品。例如,用高科技生物大豆制成的大豆油、豆腐、酱油等豆制品,鲜食的高科技番木瓜,以及利用高科技微生物所生产的奶酪等都是高科技生物食品。"❶

我国《转基因食品卫生管理办法》❷第2条规定,高科技生物食品,系指利用基因工程技术改变基因组构成的动物、植物和微生物生产的食品和食品添加剂,包括:高科技动植物、微生物产品;高科技动植物、微生物直接加工品;以高科技动植物、微生物或者其直接加工品为原料生产的食品和食品添加剂。

根据我国的上述法律规定,农业高科技生物包括高科技农产品。而食用高科技农产品属于食品的范畴,在法律没有特别规定的情况下,有关食品的法律规定也可以适用食用高科技农产品。

(二)农业高科技生物的产生和发展

世界上第一株高科技植物是1982年问世的、由比利时科学家Jeff Shell领导的研究团队研发的高科技烟草。第一个商业化的高科技植物是中国1992年批准的抗病毒高科技烟草,但在1997年就已停止了种植。第一个在美国批准商业化的高科技作物是1994年推出的延熟软化高科技番茄,但是由于消费者的反对,这种番茄不久就从市场上撤回。最早成功商业化的高科技作物是孟山都公司在1994年推出的抗除草剂的高科技大豆。❸

1. 高科技作物种植情况

2015年是高科技作物商业化20周年。根据国际农业生物技术应用服务组织(International Service for the Acquisition of Ari-Biotech Applica-

---

❶ 农业部农业转基因生物安全管理办公室. 什么是转基因食品?[EB/OL]. http://www.moa.gov.cn/ztzl/zjyqwgz/zswd/201303/t20130331_3420009.htm. 2015-04-14.

❷ 《转基因食品卫生管理办法》于自2002年7月1日起施行,已被自2007年12月1日起实施的《新资源食品管理办法》废止。

❸ 申俊江. 转基因的前世今生[M]. 济南:山东大学出版社,2015:69-70.

tions，ISAAA）的负责人 Clive James 的文献介绍，在 1996—2015 年的 20 年间，全球高科技作物累计种植面积已达到空前的 20 亿公顷，相当于中国大陆总面积（9.56 亿公顷）或美国总面积（9.37 亿公顷）的 2 倍。这一累计面积包括：高科技大豆 10 亿公顷、高科技玉米 6 亿公顷、高科技棉花 3 亿公顷和高科技油菜 1 亿公顷。20 年来，农民种植高科技作物的收益超过了 1500 亿美元。❶

2015 年，28 个国家的 1800 万农民种了 1990 亿公顷（4.44 亿英镑）的高科技作物，比 2014 年减少了 15%，即 180 万公顷（440 万英亩）。

图 1　1996—2015 年全球高科技作物种植面积❷

2. 高科技作物的批准情况

从 1994 年到 2015 年 11 月 15 日，共计 40 个国家（39 国 + 欧盟 28 国）的监管机构批准高科技作物用于粮食和/或饲料，或释放到环境中，涉及 26 种高科技作物（不包括康乃馨、玫瑰和矮牵牛）、363 个转化体的 3418 项监管审批。获得监管审批最多的五个国家是：日本

---

❶ Clive James. 2015 年全球生物技术/转基因作物商业化发展态势［J］. 中国生物工程杂志，2016（4）.
❷ Clive James. 2015 年全球生物技术/转基因作物商业化发展态势［J］. 中国生物工程杂志，2016（4）.

(214 个批文)、美国（187 个批文，不包括复合性状转化体）、加拿大（161 个批文）、墨西哥（158 个批文）、韩国（136 个批文）。玉米仍然是获批转化体最多的作物（29 个国家中 142 个转化体），其次是棉花（22 个国家中 56 个转化体）、马铃薯（11 个国家中 44 个转化体）、油菜（13 个国家中 32 个转化体）及大豆（28 个国家中 31 个转化体）。抗除草剂玉米转化体 NK603（获得 26 个国家 + 欧盟 28 国的 54 个批文）获得的批文最多。其次是抗除草剂大豆转化体 GTS 40 – 3 – 2（获得 26 个国家 + 欧盟 28 国的 52 个批文）、抗虫玉米 MON810（获得 25 个国家 + 欧盟 28 国的 50 个批文）和抗虫玉米 Bt11（获得 24 个国家 + 欧盟 28 国的 50 个批文）。2015 年 12 月 8 日，菲律宾最高法院裁决永远禁止进行 Bt 茄子的田间试验，宣布该国农业部 2002 年第 8 号行政令等系列文件无效。因此，在依据法律颁布新的行政命令之前，暂时禁止继续使用、田间试验、繁殖、商业化，以及进口任何高科技生物体。[1]

2015 年，阿根廷批准了两种本国产的产品———一种抗旱大豆和一种抗病毒马铃薯。在巴西，由 FuturaGene/Suzano 开发的一种产量能提高 20% 的本国产桉树获得种植批准，还有两种本国产作物产品（一种抗病毒豆类和一种新的抗除草剂大豆）获批并于 2016 年进行商业化生产。在缅甸，一种新的 Bt 棉花品种 Ngwe-chi – 9 于 2015 年进行了商业化生产。加拿大批准了一种防褐化的高品质苹果。[2]

欧盟委员会于 2016 年 1 月 2 日宣布，批准欧盟国家种植一种高科技土豆 Amflora。这种土豆可以用于生产工业用淀粉，副产品可以用于生产畜牧饲料。欧盟委员会认为，采用高科技土豆 Amflora，可以简化生产工业用淀粉的流程，节省原材料、能源、水和其他化学辅料。欧盟委员会还严格规定了高科技土豆的种植条件，以保证高科技土豆收获后在农田中没有残留，不对环境构成威胁。对于高科技土豆提取淀

---

[1] Clive James. 2015 年全球生物技术/转基因作物商业化发展态势 [J]. 中国生物工程杂志，2016（4）.
[2] Clive James. 2015 年全球生物技术/转基因作物商业化发展态势 [J]. 中国生物工程杂志，2016（4）.

粉后用于生产畜牧饲料的副产品，欧盟委员会也作出相关规定。欧盟委员会于2016年1月2日同时宣布，批准使用三种高科技玉米生产食品和饲料。❶

2016年3月21日，加拿大卫生部和加拿大食品检验局宣布批准一种高科技土豆在加拿大销售且不必进行高科技标识。这种土豆是辛普劳公司（J. R. Simplot）研发的innate系列的高科技土豆。这种高科技土豆将野生土豆的基因转入，从而使该土豆具有了新的特性。这种土豆在营养成分上与传统土豆一样，而且还减少了土豆里的天冬酰胺。这种存在于富含淀粉食物中的氨基酸在加工过程中很容易转变成一种可能致癌的物质丙烯酰胺，而获得批准的这种高科技土豆使丙烯酰胺的产生量减少了62%，未来的新产品可能会减少至90%，从而达到可以忽略不计的程度。由于土豆的瘀青和发芽问题，消费者通常会扔掉30%的土豆，这种高科技土豆解决了瘀青的问题，从而大大降低了土豆的浪费。❷

3. 高科技动物的批准情况

经过20年的审核，2015年美国食品药品监督管理局（FDA）作出了一个标志性的决定：批准首个高科技动物作为商业化食品用于人类消费。这是一种生长更快的高科技三文鱼（大西洋鲑鱼）AquAdvantage，它有望于2018年之前进入美国人的食品链。在正常情况下养殖的大西洋鲑鱼需要三年才能收获，而这种高科技品种则仅需一半时间（18个月）即可收获。高科技三文鱼AquAdvantage由AquaBounty Technologies公司开发，该公司于2015年被美国Intrexon公司收购。2015年，FDA还批准了一种高科技鸡，这种鸡所产的蛋能够治疗一种罕见但致命的人类疾病——溶酶体酸性脂肪酶缺乏症。❸

---

❶ 王晓郡. 欧盟批准种植转基因土豆［EB/OL］. http：//news. qq. com/a/20100303/001627. htm. 2016－01－12.

❷ Health Canada, CFIA approve genetically engineered potato with reduced browning ［EB/OL］. http：//www. cbc. ca/news/canada/prince-edward-island/potato-gmo-farmers-food-crops-1. 3504446. 2016－04－29.

❸ Clive James. 2015年全球生物技术/转基因作物商业化发展态势［J］. 中国生物工程杂志, 2016 (4).

第二节 高科技生物技术及高科技生物的评价

从高科技生物技术和高科技生物产生时起，围绕着高科技生物是否安全的问题一直存在争论，从总体上形成了怀疑高科技生物技术及高科技生物、支持高科技生物技术及高科技生物的两种观点。

一、否定高科技生物技术及高科技生物的观点

否定高科技生物技术及高科技生物的观点主要集中在高科技生物对生态环境的影响和对人类健康的影响。

（一）高科技生物可能对生态环境产生影响

1. 可能诱发害虫和野草的抗性问题

许多高科技生物的改良品种含有从杆菌中提取出来的特定基因作为外源性基因，这种目标基因可能对昆虫和害虫产生有毒的蛋白质。若长期大面积使用，可能使害虫产生抗药性并代代相传，结果是不但高科技植物不再抗虫，而且原有的化学杀虫剂也不再对害虫有效。在自然生态条件下，有些高科技作物可能与周围生长的近缘野生品种通过花粉等媒介发生天然杂交，从而将自身的基因（外源性目标基因）传入野生品种。如果所传入的基因是一个抗除锈剂基因，那么就会进一步增加杂草控制的难度。如所传入的基因具有更强的抗病虫害能力和抗旱能力，则会出现抗病能力更强、蔓生速度更快的超级杂草，扰乱生态系统的平衡。1999年，加拿大在11块田间试验地中发现具有抗草甘膦、抗固杀草、抗咪唑啉类除草剂基因等的超级植物。还发现两种抗除草剂基因的油菜与杂草杂交的植物，这些野生油菜含有HT基因，野草化作物出现的频率为0.1%~0.2%，抗性很高。1996年，加拿大引入高科技油菜，三年之后就出现HT基因构成的堆积基因的多抗性野草化油菜。

2. 可能诱发基因转移跨越物种屏障

自然界物种为了保持自身的稳定性与纯洁性，对遗传物质基因的改变是严格控制的，"基因漂流"仅限于同种之间或近缘物种之间，天然的"基因漂流"现象很难出现。而高科技生物技术就是将完全不同种属的外源性目标基因，人为地转入移植到另一个不同种属的生物遗传物质（基因）中去，人为地实施不同种属间的"基因漂流"，人为地跨越物种间屏障。如果在非人为控制下出现杂乱的"基因漂流"，那么其后果可能是灾难性的，对生态系统的影响是难以预料的。

3. 可能诱发自然生物种群的改变

高科技生物在自然界中释放基因将污染自然基因库，打破原有的生物种群结构，以及原有的生态平衡。若高科技植物在长势、越冬能力和种子产量等方面比非高科技的自然植物强得多，就会演化成杂草，改变自然的生物种群及相应的生物群落结构与生态系统。高科技生物遗传背景的非自然性和复杂性，将导致遗传变异率和不确定性增加。某些高科技可能限制生物体内正常基因的传播，从而降低该生物的生殖能力。高科技生物的存活能力要比普通野生生物强得多，在竞争和进化中，高科技生物会加速生物物种的灭绝进程，使生物多样性受到损害。

4. 可能产生"基因污染"问题

高科技生物以超过自然进化千百倍甚至更高的"变化"速度介入自然界，对生态系统而言，极具竞争优势。❶ 高科技植物的外源性目标基因可能来自细菌、病毒或者其他的植物或动物。如果这些外源性基因由于"基因漂流"效应而非人为地被转入到其他有机体，就会造成自然界基因库的混杂或污染，这称为"基因污染"。植物和微生物可以生长和繁殖的生物学特性使"基因污染"可能成为一种难以控制的蔓延性灾难。20 世纪 90 年代后期以来，墨西哥在一些山区推广种植高科技玉米，由于高科技玉米的"基因漂移"造成"基因污染"，使墨西

---

❶ 韦贵红. 生物多样性的法律保护 [M]. 北京：中央编译出版社，2011：146.

哥野生和原生的玉米种质受到"基因污染"。❶ 在预感到高科技污染难以控制的后果之后，2003 年英国的主要农业保险公司宣布拒绝为高科技作物的生产者提供保险。❷

（二）高科技生物可能对人体健康产生影响

农业高科技生物大多作为人类的食品及食品原料或者动物的饲料。因此，高科技食品的安全性是社会公众普遍关注的问题。高科技生物食品是否与传统食品同样安全？目前国际上尚无公论。联合国粮食与农业组织（FAO）和世界卫生组织（WHO）所属的食品法典委员会（国际性食品安全组织）认为，随机植入 DNA 至植物基因中可以导致本来的基因被扰乱，失去原来的基因表达，或基因表达被改变等非预期性后果。国际消费者协会（Consumer International）于 2002 年 11 月宣称，据国际消费者协会了解，现时没有一个政府或联合国组织会声称高科技食品是完全安全的。国际消费者协会曾于 2000 年 11 月要求各国政府及国际组织停止新品种高科技作物的种植和推向市场，直至高科技作物的安全评估完成为止。有些国家甚至出现毁坏高科技作物的"反转基因运动"。❸

对农业高科技生物及其产品的食用安全性的疑虑主要有以下五个方面。

1. 毒性问题

尽管迄今还没有具有说服力的研究报告表明高科技食品的毒性，但高科技食品可能存在潜藏的健康风险。巴西豆过敏事件（1996），高科技马铃薯引起大鼠器官生长异常（1998），RR 大豆中不明基因（2001），星联 Bt 玉米事件（2000），美国药用高科技玉米污染大豆（2002）等都使人质疑高科技食品的安全性。如果高科技生物加入了原来没有的

---

❶ 曾北危. 转基因生物安全 [M]. 北京：化学工业出版社，2004：39 - 44.

❷ ［法］玛丽 - 莫尼克·罗宾. 孟山都眼中的世界——转基因神话及其破产 [M]. 吴燕，译. 上海：上海交通大学出版社，2013：237.

❸ Graeme Hayes. Collective Action and Civil Disobedience: The Anti-GMO Campaign of the Faucheurs Volontaires. French Politics, 2007 (5).

抗病虫害基因或抗除草剂基因，其本体有何变化、饲料中的高科技成分被家畜食用后是消化分解排泄还是在其肌肉或器官中富集，人食用后有何影响，在环境中如何循环同化等风险如何出现尚不得而知。英国2002年的研究称，高科技大豆制成的汉堡包被人食用后，在其排出的粪便中仍含有高科技DNA成分。再如，这种高科技大豆接受了一种巴西核桃基因，而此核桃容易导致变态反应。

2. 过敏性反应问题

过敏是免疫系统对外来物质的过分反应，是一种自生的危险，是免疫系统与周围环境不协调的结果。过敏性风险即医学上的变应原性风险。一般而言，人和动物的变应原性风险非常低，而高科技生物可能诱发或加重变应原性风险。在引入外源性目的基因后，会使高科技生物带上新的遗传密码而产生新的蛋白质，引起食用者或接触者出现过敏性反应。人类在自然环境中发育进化形成的免疫系统可能难以或无法适应高科技生物生成的新型蛋白质而诱发过敏症。

3. 抗药性问题

抗生素是用来治疗非常严重疾病的药物，如氨苄青霉素常用于治疗肺炎、支气管炎、白喉等。外来基因转化进入生物体的成功率很低，要有一套检测高科技生物试验是否成功的方法，在转化靶标基因时转入特定抗生素抗性基因作为标记基因，处理过的细胞在培养基中培养，存活的细胞会含有抗生素抗性基因。标记基因和靶标基因位置很近，存活的细胞会认为是高科技生物成功的个体，可继续培养至成熟。抗生素基因标记在商业高科技作物中大量使用。例如，先正达（Syngenta）公司的抗除草剂、抗昆虫高科技玉米中含有氨苄青霉素抗性基因，安万特（Aventis）公司的抗除草剂油菜含有抗卡那霉旨和抗新霉素基因。抗生素抗性基因会一直存在于植物器官中，可能被转入人畜消化系统的细菌体内，使其对抗生素药物的治疗产生抗性。

4. 破坏有益成分问题

有观点认为，外来基因可能会破坏食物中的有益成分。高科技生物中的外源性目的基因可能改变生物原有的复杂生物化学路径，改变原有的新陈代谢，其生化作用的结果很难预料，还可能受环境条件变化的影响而导致变异。如高科技油菜中的类胡萝卜素、维生素E、叶绿素发生变化，油菜籽中芥子酸胆碱有变化，高科技玉米中胰岛素抑制剂和肌醇六磷酸有变化。英国伦理与毒性中心的实验报告称，与一般天然大豆相比，在两种耐除锈剂或抗除草剂的高科技大豆中具有防癌功能的异黄酮成分分别减少了12%和14%。

5. 免疫力问题

高科技生物及其产品有可能降低动物乃至人类的免疫能力，可能对动物及人类的健康产生影响。1998年8月英国科学家披露，实验白鼠在食用高科技大豆后，器官生长异常，体重减轻，免疫系统遭受破坏。❶

二、支持高科技生物技术及高科技生物的观点

（一）目前未能证实高科技生物对健康和环境的危害

有关高科技生物的安全性，是全球普遍关注的。从全球的角度，有众多权威科研机构对这些高科技生物产品进行了大量的研究工作。这些研究工作总体结论也证明，已经批准上市的高科技生物食品是安全的。欧盟委员会历时25年，组织500多个独立科学团体参与130多个科研项目，他们的结论是："生物技术，特别是高科技生物技术，并不比传统育种技术危险。"国际科学理事会也明确提出，"现有的高科技生物食品是可以安全食用的。"英国皇家医学会、美国科学院、巴西科学院、中国科学院、印度国家科学院、墨西哥科学院和第三世界科学院联合出版的相应报告明确指出，高科技生物技术生产的食品更有营养，储存更稳定，而且因为减少化学农药的使用量，所以能够更好地促进健康，为工业化和发展中国家的消费者带来好处。1996年最早在美国开始进行高科技玉米和大豆的商业化种植，20年间每年高科技

---

❶ 曾北危. 转基因生物安全[M]. 北京：化学工业出版社，2004：50-54.

农作物种植的面积都在增加。这么长的时间、这么大的消费群体，没有发现一例因食用高科技农产品而带来的任何健康问题。全球几十个国家的民众都有长期食用高科技生物的历史，证明它是安全的。❶

联合国粮农组织在 2004 年发布的《粮食及农业状况（2003—2004）：农业生物技术》报告中指出，"迄今为止，在世界各地尚未发现可验证的、因食用高科技作物加工的食品而导致的有毒或有损营养的情况。数以百万计的人食用了由高科技作物加工得来的食品——主要是玉米、大豆和油菜籽，但未发现任何不利影响。"❷ 该报告还指出，"在已种植高科技作物的国家中，尚未有高科技作物造成重大健康或环境危害的可证实报道。"❸

2011 年，越南科技部、农业部及北方文福省农业与农村发展厅组织了一次高科技玉米研讨会。与会专家展示了正在开展的田间试验的初步结果，表明转基因玉米与非高科技玉米品种在对生物多样性和环境造成的影响方面并没有任何区别。需要特别指出的是，高科技品种对非靶向生物及其他非鳞翅目昆虫均没有影响。❹

高科技生物食品是有史以来评价最透彻、管理最严格的食品。人类第一个高科技食品——防软化的番茄。这种番茄上市已有 17 年，食用高科技生物食品的人数以十亿计，高科技生物食品并没有显示对人类健康有新风险，而且，由于超越了传统的植物育种通常的不确定性，使用了更精确的技术和更大的监管审查，它们甚至可能比传统的植物和食品安全。❺

2005 年 6 月 1 日，世界卫生组织就高科技生物问题发布了题为

---

❶ 农业部网站. 农业部新闻办公室举行新闻发布会就"农业转基因有关情况"答记者问 [EB/OL]. http：//www.gov.cn/xinwen/2016-04/14/content_5063985.htm. 2016-04-21.
❷ 中国农村技术开发中心. 转基因科普小知识. 第 18 页.
❸ 中国农村技术开发中心. 转基因科普小知识. 第 19 页.
❹ 佚名. 越南转基因玉米研讨会召开 [EB/OL]. http：//news.aweb.com.cn/20110915/450844092.shtml. 2015-12-11.
❺ 李铁. 破析中国式转基因谬误与谣言 [EB/OL]. http：//news.sciencenet.cn/html-news/2011/7/250202-1.shtm. 2015-12-11.

《现代食品生物技术，人类健康与发展——以证据为基础的研究》的报告指出，"目前国际市场上的高科技生物食品都经过了风险评估，它们并不比传统的同类食品有更多的风险。"❶

《联合国关于使用高科技生物食品作为南部非洲的粮食援助的声明》表示，据来自各国的信息及现有的科学知识，联合国粮农组织、世界卫生组织和世界粮食计划组织都认为，在非洲南部作为食品援助的含高科技生物成分的食物，不太可能损害人体健康。至今还没有科学文献表明食用含有高科技生物成分的食物对人体健康会产生负面作用。❷

2010年6月22日，美国最高法院以7票对1票的结果推翻了一项加州地方法院的禁令。该禁令禁止美国各地种植孟山都公司的抗农达高科技紫花苜蓿。紫花苜蓿是美国最重要的牧草作物，种植面积2200万公顷。抗农达紫花苜蓿经过基因改良，具有抗农达特性。自2005年起，抗农达紫花苜蓿开始在美销售、种植。但传统紫花苜蓿农场主和环保团体表示抗议，认为这种高科技紫花苜蓿一旦同传统作物异花授粉，可能产生具有抗农药特性的"超级种子"。他们还联合提出诉讼，称根据1969年颁布的《国家环境政策法》，美国农业部还没有完成针对抗农达紫花苜蓿的环境影响报告，在此之前种植这种作物是违法的。加州地方法院于2007年作出判决，认定美国农业部允许种植抗农达紫花苜蓿的做法违反了《国家环境政策法》，责令其完成环境影响报告，并禁止美国各地种植高科技紫花苜蓿。但是，美国最高法院于2010年6月22日的判决认为，目前没有证据表明高科技紫花苜蓿对环境或原告造成了无法挽回的伤害，加州地方法院作出全国性禁令的决定存在错误。❸ 该案件是美国最高法

---

❶ 李铁. 破析中国式转基因谬误与谣言 [EB/OL]. http：//news. sciencenet. cn/html-news/2011/7/250202 - 1. shtm. 2015 - 12 - 11.

❷ The Food and Agriculture Organization of the United Nations：UN statement on the use of GM foods as food aid in Southern Africa ［EB/OL］. http：//www. fao. org/english/newsroom/news/2002/8660-en. html.

❸ 管克江. 美最高法院推翻转基因作物禁令、今后转基因作物种植限制或被放宽 [EB/OL]. http：//gs. people. com. cn/GB/188871/11969964. html. 2016年1月9日访问。See Alberto Alemanno. The first GMO Case in Front of the US Supreme Court：To Lift or Not to Lift the Alfalfa Planting Ban？. EJRR. 2，2010.

院第一次就高科技作物问题作出裁决，而且该裁决推翻了加州地方法院对抗农达高科技紫花苜蓿的禁令。该案的裁决理由表明，目前还没有证据证明高科技紫花苜蓿对环境或传统紫花苜蓿农场主造成无法挽回的伤害。

逄金辉等研究人员采用文献分析的方法研究了高科技作物的安全性问题。研究人员遵循检全原则，检索了 Web of Science 数据平台自有记录以来至 2014 年 5 月底的全部英文学术论文。文献检索结果表明，绝大多数研究证明，高科技作物的生物安全与非高科技作物相比并无显著差异或者更优。在 451 篇食品安全研究论文中，得出不安全的论文仅为 35 篇，占该类研究论文的 7.8%。这其中包括 3 篇综述性论文及 32 篇初始实验性论文，初始实验性论文得出不安全结论的比例则占 274 篇初始实验性论文的 11.6%，高于其占全部食品安全研究论文的比例。在 1074 篇生态安全研究论文中，得出安全和有风险的论文分别为 984 篇和 90 篇，分别占全部高科技生态安全研究论文的 91.6% 和 8.4%。在全部 1074 篇生态安全研究论文中，有 601 篇初始实验性论文，这些论文中得出安全和有风险的论文分别为 559 篇和 42 篇，分别占高科技生态安全初始实验性研究论文的 93% 和 7%。初始实验性研究论文得出不安全结论的比例低于全部生态安全研究论文的比例。在 1763 篇生产影响研究论文中，得出正影响的论文 1630 篇，占全部高科技生产影响研究论文的 92.5%；得出负影响的论文 49 篇，仅占该类论文的 2.8%；而得出无显著影响的论文 84 篇，占该类论文的 4.7%。负影响和无显著影响论文的比例之和仅占全部生产影响论文的 7.5%。为了验证高科技不安全论文结论的科学性，研究人员对 32 篇得出高科技生物食品不安全的研究论文进行了前期研究和后期研究的追踪分析。研究发现，上述论文的研究结论已全部被学术界否定；所有给出不安全的初步结论的论文没有一篇给出后续分子机制水平的支持。逄金辉等研究人员经过研究得出结论，科学家始终比其他群体，包括普通消费者更关心高科技生物技术的安全性；批准商业化生产的高科技生物技术经过了有史以来最为严格的生物学安全检验与检测，并建立了有史以来最为严格的监管体系；在所发表的 9333 篇高科技生物安全研究论文中，90% 以上的论文证明高科技生物技术的安全性与传统非高科技作物无显著差异；而对于所有得出高科技生物食品不安全结论的论文的追踪研究发现，其研究结论被证明是在错误的研究材料或方法条件下得出的。逄金辉等研究人员还认为，近年来，有关高科技生物安全性的争论非常激烈。然而，绝大多数争论忽视了通过专业的在现代科学技术水平下的有史以来最严格的检测研究，未得出高科技生物食品不安全结论这一事实，从而使这一争论陷入了无谓争论的陷阱。在现有科技水平已证明是安全的条件下，再激烈的争论都是无意义的，除非科技进步通过新技术发现该技术是不安全的；否则，激烈的争论将导致过多的非专业人士参与而引起民意变化从而影响政府正确的科学决策。❶

（二）高科技生物可以满足供养全球人口的需要

粮食价格波动对粮食安全和人类发展的威胁越来越大。粮食价格的走高和波动可能给个人的身心健康带来长期不利后果，因为贫困家庭将被迫转而食用更便宜但营养更少的食物，缩减每餐的食物分量，甚至减少用餐次数。他们可能还需要工作更长时间，或者为了节约开支而放弃在健康或教育方面的其他选择。虽然高粮价让粮食生产国和出口国受益，但却让穷人深受其苦。❷ 鉴于其对贫困人口和贫困国家造成的巨大影响，多变的粮食价格和供应情况尤其需要关注。2008 年全球经济危机过后，粮食价格骤升和经济衰退延缓了消除世界饥饿的步伐，据联合国粮农组织估计，2012 年全球有 8.42 亿人口生活在饥饿之中。这成为全球在消除饥饿和减少剥夺方面努力不够的一个强有力的证明。❸ 2050 年供养 97 亿人口和 2100 年供养 110 亿人口是人类必须面对的一大挑战。在 20 世纪之初，全球人口只有 17 亿，而 2015 年 7 月

---

❶ 逄金辉，等. 转基因作物生物安全：科学证据 [J]. 中国生物工程杂志，2016 (1).
❷ 联合国开发计划署. 2014 年人类发展报告——促进人类持续进步：降低脆弱性，增强抗逆力. 第 49 页.
❸ 联合国开发计划署. 2014 年人类发展报告——促进人类持续进步：降低脆弱性，增强抗逆力. 第 21 页.

全球人口达到了 73 亿。在过去的 12 年里，全球人口增加了 10 亿，到 2050 年全球人口将增加到 97 亿，21 世纪末全球人口将接近 110 亿。从全球看，8.7 亿人目前处于长期饥饿，20 亿人营养不良。2015 年全球消费高于产出。20 世纪 60 年代，小麦和水稻"绿色革命"作出巨大贡献之后，作物生产率的增幅下降。很明显，目前仅靠传统作物技术到 2050 年难以供养世界 90 多亿人口。全球科学界的一项提议是更好地兼用传统作物技术（适应性更好的种质）和最好的生物技术（适当的高科技和/非高科技性状），以一种平衡、安全、可持续的方法取得作物生产率在全球 15 亿公顷耕地上的可持续增长。❶ 未来改善蛋白质氨基酸组合、提高维生素含量、改善脂类组成、提高矿物质含量和提高抗氧化剂含量等高科技农作物会被越来也多地商业化。相对于注重提高生产效率的第一代高科技农作物，这类改善食物品质的高科技农作物对于消费者的益处更大。❷

（三）生产高科技生物可以保护生物多样性

高科技生物技术是一种节约耕地的技术，可在目前 15 亿公顷的可耕地上获得更高的生产率，有助于防止砍伐森林和保护生物多样性。发展中国家每年流失大约 1300 万公顷富有生物多样性的热带雨林。如果在 1996—2013 年高科技作物没有产出 4.414 亿吨额外的粮食、饲料和纤维，那么需要增加 1.32 亿公顷（Brookes 和 Barfoot）土地种植传统作物以获得相同的产量。这些增加的耕地中一部分将极有可能需要耕作生态脆弱的贫瘠土地（不适合作物生产的耕地）和砍伐富有生物多样性的热带雨林，生物多样性将会因此遭到破坏。❸ 有一些高科技作物属于少耕类和免耕类作物，可以减少对土壤的破坏，减少能源的使用。❹

---

❶ Clive James. 2015 年全球生物技术/转基因作物商业化发展态势 [J]. 中国生物工程杂志, 2016 (4).

❷ 申俊江. 转基因的前世今生 [M]. 济南：山东大学出版社, 2015：146.

❸ Clive James. 2014 年全球生物技术/转基因作物商业化发展态势 [J]. 中国生物工程杂志, 2015 (1).

❹ 曹茸, 刘远. 美国人如何对待转基因——访美国农业部官员 [EB/OL]. http://www.agri.cn/V20/SC/jjps/201109/t20110928_2312745.htm. 2015 - 01 - 05.

(四) 高科技生物减少农业对环境的影响

传统农业对环境具有严重的影响，使用生物技术能够减轻这种影响。迄今为止，这一进步包括：显著减少杀虫剂喷洒，节约矿物燃料，通过免耕或少耕土地减少二氧化碳排放，通过使用抗除草剂高科技作物实现免耕、保持水土。根据最新数据，1996—2012 年，农药活性成分累计减少了 5 亿千克，少用了 8.7% 的农药。根据环境影响指数（EIQ）的测量，这相当于将农药对相关环境的影响减少了 18.5%。仅 2012 年一年，就减少了 3600 万千克农药活性成分（相当于少用了 8% 的农药），以及 23.6% 的 EIQ（Brookes 与 Barfoot，2014 年）。水资源利用效率的提高将对全球水资源保护和利用产生主要影响。目前全球 70% 的淡水被用于农业，这在未来显然不能承受。首个热带抗旱高科技玉米于 2017 年之前在撒哈拉以南非洲地区开始商业化。抗旱性状作物将对世界范围内种植体系的可持续性，尤其是对于干旱比发达国家更普遍和严重的发展中国家产生了重大影响。❶

根据英国咨询公司 PG Economics 最近的数据分析，1996—2010 年，与高科技作物相关的农药使用量下降了 9%。这段时期内，全球杀菌剂和杀虫剂的使用量下降了 43.8 万吨。其中，抗虫棉花和耐除草剂玉米品种农药用量各自减少，达 17 万吨。棉花杀虫剂用量的降低使得环境所受影响减少 26%，而玉米除草剂相关贡献在 11.5%。玉米杀虫剂用量减少了 4.3 万吨，对环境的影响相应降低将近 38%。大豆作为种植最为广泛的高科技作物，1996—2010 年，除草剂用量下降了 1.4%，总计 2.88 万吨，对环境的影响降低了 16.2%。❷

2005 年 4 月 29 日，中美科学家合作完成的论文《高科技抗虫水稻对中国水稻生产和农民健康的影响》在美国《科学》杂志上发表。该

---

❶ Clive James. 2014 年全球生物技术/转基因作物商业化发展态势 [J]. 中国生物工程杂志, 2015 (1).
❷ 石华. 转基因作物导致全球农药用量下降 [EB/OL]. http://www.farmer.com.cn/kjpd/dtxw/201206/t20120615_724339.htm. 2015-04-20.

论文指出,高科技抗虫水稻比非高科技水稻产量高出6%,而农药施用量却减少了80%。美国国立食品与农业研究院院长罗杰·比奇也发表文章,他认为,高科技作物减少了化学制剂(农药、除草剂)的使用,对环境是有好处的。❶

(五)高科技生物有助于减少温室气体及减缓气候变化

高科技作物可帮助减少温室气体排放,并且从两个主要方面减缓气候变化。首先,通过减少使用矿物燃料、杀虫剂和除草剂,永久性地减少二氧化碳的排放,仅2013年一年就减少了21亿千克二氧化碳排放(相当于路上行驶汽车的数量减少了93万辆)。其次,由于高科技粮食、饲料,以及纤维作物保护性耕作(由抗除草剂高科技作物带来的少耕或免耕),使得2013年额外的土壤碳吸收了相当于259亿千克的二氧化碳或相当于减少1150万辆上路行驶的汽车。因此在2013年,通过吸收方式,永久性和额外减少了共计280亿千克的二氧化碳,相当于减少了1240万辆上路行驶的汽车(Brookes和Barfoot)。目前,几种农业生物技术,包括组织培养、诊断法、基因组学、分子标记辅助选择(MAS)锌指法可以用于"加速育种"和帮助缓解气候变化影响。❷

(六)生产高科技生物有助于减轻贫困

贫困的标准衡量指标均基于收入或者消费,这两个因素都是剥夺的重要维度,但却只能反映出一部分情况,并不全面。除收入外,人们在许多方面都可能遭受剥夺。例如,健康和营养较差、受教育程度低和技能水平低、生活拮据、家庭条件不好,以及受到社会排斥。❸ 由于穷人缺乏足够的核心能力,不能发挥出他们的全部能动性,因此具

---

❶ 李铁. 破析中国式转基因谬误与谣言[EB/OL]. http://news.sciencenet.cn/html-news/2011/7/250202-1.shtm. 2015-12-11.
❷ Clive James. 2014年全球生物技术/转基因作物商业化发展态势[J]. 中国生物工程杂志, 2015 (1).
❸ 联合国开发计划署. 2014年人类发展报告——促进人类持续进步:降低脆弱性,增强抗逆力. 第42页.

有内在脆弱性。目前，世界上有近22亿人口容易遭受多维贫困影响，其中包括15亿多维贫困人口。世界上约3/4的贫困人口生活在农村地区，而农业工人则是贫困发生率最高的人群。他们身陷低生产率、季节性失业和低工资的恶性循环。❶ 农业的投资回报很高，而且直接影响他们脱贫致富，对于那些占全球最贫困人口大多数的资源匮乏的小农户和依赖农业的无地农户来说更是如此。1996—2014年的统计数据表明，高科技作物帮助超过1650万小农户及其家庭（即超过6500万人口）缓解了贫困，他们属于世界上最贫困的人口。高科技作物能够极大地提高生产率和收入，因而可以作为农村经济增长的引擎，帮助世界上弱小而缺乏资源的贫穷农民摆脱贫困。❷

三、中国各方对农业高科技生物的态度

从专家学者的调研数据看，中国的消费者对高科技生物的了解程度较低。2005年，薛达元研究员与王玉清博士合作，在北京市的12个超市对1000名消费者进行了对高科技生物食品了解程度的调查。结果表明，消费者的了解程度很低，受访者中64.9%对高科技生物食品不了解或不太了解。❸ 2007年，刘志强等对济南市消费者进行了高科技生物食品的认知态度的调查。受访者中肯定吃过高科技生物食品、肯定没吃过高科技生物食品及不确定的人数分别占17.9%、23.5%和59.6%。当地消费者对高科技生物食品的认知程度比较肤浅，仅限于概念性的知识或听说而已，不了解现实生活中的高科技生物食品，不清楚高科技生物食品的显著特点。❹《转基因生物风险评估与安全管

---

❶ 联合国开发计划署. 2014年人类发展报告——促进人类持续进步：降低脆弱性，增强抗逆力. 第19页.
❷ Clive James. 2015年全球生物技术/转基因作物商业化发展态势 [J]. 中国生物工程杂志, 2016 (4).
❸ 佚名. 权威发布：色拉油几乎全是"转基因"，知情权不到位 [N]. 商品与质量, 2005-07-13.
❹ 刘志强, 等. 济南市消费者对高科技生物食品的认知态度的调查与分析 [N]. 中国农业科技导报, 2007-02-15.

理——生物安全国际论坛第三次会议论文集》刊载了薛达元等对中国中小城市消费者对转基因食品态度的调查研究结果，中小城市消费者对中国发展高科技生物技术和产品总体采取中间态度，既不十分排斥，也不十分积极，在对高科技生物技术寄予希望给消费者带来实惠与福音的同时，也对其安全与风险有一定疑虑，因此比较支持发展高科技生物技术，但是持谨慎商业化的态度。❶

农业技术专家对农业高科技生物的发展往往持支持的态度。中国农科院生物技术所所长、研究员林敏认为，从1998年起，陆续发生了"英国普斯塔事件""美洲斑蝶死亡""加拿大超级杂草事件""欧洲高科技玉米对哺乳动物健康影响""中国抗虫棉破坏生态"等事件，最终被各国政府和权威研究机构一一否定。例如1998年，英国科学家普斯塔在电视台（并不是通过学术论文或者通过权威机构）发布了他的实验结果，称用高科技的马铃薯饲喂大鼠可以破坏其免疫系统。英国皇家学会针对普斯塔的报告，专门组织专家进行了认真评估，最后的结论是，实验结果不能证明高科技土豆对大鼠有那样的一些危害。2009年发生的所谓高科技玉米品种对大鼠的肾、肝的实验，指法国卡昂大学的研究团队在《国际生物科学》杂志上发表的三种高科技玉米品种对哺乳动物健康影响的报告。他们并没有做实验，而只是把孟山都公司的三个高科技玉米90天大鼠喂养数据进行统计学重新分析。他们的工作受一些极端环境保护组织的资助，发表论文的动机和结果的可信性也受到质疑。欧洲食品安全局转基因小组对这个工作也作出了分析。2009年对这个问题形成的决议认为，论文提供的数据不能支持作者关于高科技玉米对大鼠肾、肝造成伤害的结论。关于"Mon863喂养对老鼠造成免疫系统影响"的有关报道问题，美国、欧盟、澳大利亚等的主管机构、第三方研究机构的科学数据均已表明，高科技玉米与传统

---

❶ 薛达元,等. 我国中小城市消费者对转基因食品态度的调查与研究［C］//薛达元. 转基因生物风险评估与安全管理——生物安全国际论坛第三次会议论文集. 北京：中国环境科学出版社, 2009：258.

非高科技玉米具有实质等同性，未发现额外的安全问题，以科学事实否定了其不实传言。国际上数十个国家，长达10余年的安全食用历史，进一步证明了高科技生物食品的安全性。林敏研究员还认为，风险是一个相对的概念，即便是人们经常食用的传统食品，以及不少药品，也不能说在任何情况下，对任何人都绝对没有风险，绝对安全。例如，联合国粮农组织就把牛奶、鸡蛋等八类食物列为常见过敏食物，一部分人吃了也会存在一定风险。因此，"零风险"的说法在科学上站不住脚，这样的食品也是不存在的。风险不等于现实存在的危险，如其他科学技术一样，高科技生物技术在其发展过程中也可能存在潜在的风险，但实践证明，通过规范管理、科学评价、严格检测和深入研究，完全可以预测、消除和防范各种风险。实际上，正是采取了以上措施，才保证了今天高科技生物食品的安全。因此，理性的态度和正确的做法是：对于经过严格试验和长期实践证明是安全的高科技作物应当及时推广应用，让它促进农业发展，造福人类。❶

北京大学生命科学学院院长饶毅认为，大众对高科技动植物持谨慎的态度，对新技术和新产品要求高、要求严是自然的、合理的。但是，有些人过激批判高科技动植物，甚至以无依据的说法和谣言压制我国研究高科技动植物，甚至妖魔化相关科研人员，却是令人担忧的问题。对高科技不理解的人本无恶意，要求"谨慎"也无可厚非。但是，一些过分的"反基因"人士却以无知和偏见来煽动大众。有些虽在学术机构工作但并不懂现代分子生物学的人，正在重演三十多年前美国反高科技生物教授 George Wald 的角色。他们危言耸听，极力全面批判和反对高科技动植物。这些声音对公众有很大的欺骗性，对我国的农业和科技发展有相当的危害性。现代生物科学和高科技生物技术都有扎实的基础，愿意关心的人们可以通过一些图书和可靠的文献获知实情。在生物技术产业还从来没有在中国起飞的情况下，幼稚地打

---

❶ 农业部网站. 中国农科院生物技术专家就转基因安全问题答问 [EB/OL]. http://www.gov.cn/gzdt/2010-07/20/content_1659288.htm. 2013-09-25.

击中国高科技生物技术的应用，会损害中国生物产业，阻碍经济发展，同时也不利于人民健康。如果中国不自主研发高科技的经济作物，最后必将完全依赖西方。❶

而我国农业部官员则认为农业高科技生物是安全的，这或许可以认定为是中国官方的态度。农业部科技教育司司长廖西元指出，发展高科技生物是党中央、国务院作出的重大战略决策。党中央对转基因工作的要求是明确的，也是一贯的，即研究上要大胆，坚持自主创新；推广上要慎重，做到确保安全；管理上要严格，坚持依法监管。2016年中央1号文件强调，要"加强农业高科技生物技术研发和监管，在确保安全的基础上慎重推广"。全球转基因研发发展势头强劲。研发对象更加广泛，已涵盖了至少35个科，200多个种，涉及大豆、玉米、棉花、油菜、水稻和小麦等重要农作物，以及蔬菜、瓜果、牧草、花卉、林木及特用植物等。中国作为农业生产大国，必须在高科技生物技术上占有一席之地。为此，国务院于2008年批准设立了转基因重大专项，支持农业高科技生物技术研发，我国科研人员克隆了100多个重要基因，获得1000多项专利，取得了抗虫棉、抗虫玉米、耐除草剂大豆等一批重大成果，我国自主基因、自主技术、自主品种的研发能力显著提升。高科技生物技术产生以来，为保障转基因产品安全，国际食品法典委员会、联合国粮农组织、世界卫生组织等制定了一系列高科技生物安全评价标准，成为全球公认的评价准则。依照这些评价准则，各国制定了相应的评价规范和标准。从科学研究上讲，众多国际专业机构对转基因产品的安全性已有权威结论，就是通过批准上市的转基因产品都是安全的。从生产和消费实践看，20年高科技作物商业化累计种植近300亿亩，至今未发现被证实的转基因食品安全事件。因此，经过科学家安全评价、政府严格审批的转基因产品是安全的。中国按照全球公认的评价准则，借鉴欧美普遍做法，结合国情，建立

---

❶ 饶毅. 转基因在美国的遭际 [EB/OL]. http://scitech.people.com.cn/GB/131715/15124703.html. 2014-12-09.

了涵盖1个国务院条例、5个部门规章的法律法规体系，覆盖转基因研究、试验、生产、加工、经营、进口许可审批和产品强制标识等各环节。组建了由64名专家、院士等组成的国家农业高科技生物安全委员会、47位专家组成的全国农业高科技生物安全管理标准化技术委员会、42个第三方检验测试机构，负责转基因安全评价、标准制定和检验检测。国务院建立了由农业、科技、环保、卫生、质检、食药等12个部门组成的农业高科技生物安全管理部际联席会议制度，研究、协调农业高科技生物安全管理工作中的重大问题；农业部设立了农业高科技生物安全管理办公室，负责全国农业高科技生物安全的日常管理工作；县级以上农业行政主管部门负责本行政区域转基因安全监督管理工作。我们已经形成了一整套适合我国国情并与国际接轨的法律法规、技术规程和管理体系，为我国农业转基因安全管理提供了有力保障。❶

中国工程院院士、国家农业高科技生物安全委员会主任委员吴孔明认为，转基因是否安全有明确的权威结论。转基因作为一项技术是中性的，这个中性的技术研发出来的产品需要对它进行一系列的安全性评价。只有经过安全性评价的转基因产品才能上市，上市的转基因食品的安全性和传统食品是等同的。也就是说，经过安全性评价后审批上市的转基因食品的安全性是有保障的，等同于传统食品。国际上对转基因安全的评价基本上是两种类型：一种是美国模式，针对产品进行评估。不管是高科技生物技术还是其他技术，都是对研究出来的产品进行评估。另一种是欧盟模式，是对过程进行评估，只要是使用高科技生物技术，都应对技术过程进行评估。中国是既对产品又对过程进行评估的国家，从全球来看，中国有着最为严格的评估体系。当然，高科技生物技术是一个新技术，从公众的角度对其安全性的认识有一个过程，所以存在一些疑虑和担心也非常正常。其原因是：这是科学认知的问题，一个新的东西需要有一个接受的过程。历史上很多

---

❶ 农业部网站. 农业部新闻办公室举行新闻发布会就"农业转基因有关情况"答记者问[EB/OL]. http://www.gov.cn/xinwen/2016-04/14/content_5063985.htm. 2016-04-21.

的新事物都要经历这样一个过程，从这一点来看，也非常正常。❶

从我国国家领导人的态度看，他们是支持中国发展高科技生物技术及其应用的。国务院总理温家宝于2010年9月30日上午在中南海紫光阁接受了美国《科学》杂志主编布鲁斯·艾伯茨的专访。艾伯茨问道，最近一期《科学》杂志刊登了一篇来自中国的论文，介绍中国种植的转基因棉花不仅减少了棉花杀虫剂的使用，而且也减少了附近其他农作物杀虫剂的用量。而高科技作物在欧洲遭到强烈抵制，影响了这一重要技术的广泛应用。温家宝总理表示，"在没有用转基因抗虫棉的时候，棉铃虫泡在农药里都死不掉。自从我们实施了'棉花转基因工程'后，棉花不仅抗虫害能力增强，而且产量也提高了。因此，我力主大力发展转基因工程，特别是最近发生的世界性粮食紧缺更增强了我的信念。不要把转基因这种科学同贸易壁垒联系在一起，那就会阻挡科学的发展。"❷

据彭博社2015年12月报道，国家主席习近平敦促中国加大对高科技作物的研究和创新的支持，这与中国化工集团公司出资430亿美元收购Syngenta公司的行动是一致的。这一收购将对中国在近期内及时在3500万公顷的种植面积上应用转基因玉米产生了巨大的潜在影响。这一成功收购使中国化工集团公司能够立刻获得一大批通过安全评价、进入商业化的高科技作物产品，这些产品已经在全球种植了很多年。❸

---

❶ 农业部网站. 农业部新闻办公室举行新闻发布会就"农业转基因有关情况"答记者问 [EB/OL]. http://www.gov.cn/xinwen/2016-04/14/content_5063985.htm. 2016-04-21.

❷ 人民网. 温家宝：决不能以牺牲人的生命来换取经济发展 [EB/OL]. http://money.163.com/08/1018/08/4OHB8J3K00252G50.html. 2014-12-09.

❸ Clive James. 2015年全球生物技术/转基因作物商业化发展态势 [EB/OL]. 中国生物工程杂志, 2016 (4).

第二章 农业高科技生物国际贸易及其法律调整的必要性

第一节 农业高科技生物国际贸易

一、农业高科技生物的生产情况

(一)全球农业高科技生物的生产情况

全球高科技作物的种植面积从1996年的170万公顷增加了100倍，达到2015年的1.797亿公顷。2015年，28个国家种植了高科技作物，其中有20个发展中国家和8个发达国家，包括了全球60%的人口，即40亿人。越南2015年首次进行了复合性状高科技玉米的商业化。

2015年，高科技作物种植面积的87%分布在美洲，11%分布在亚洲，2%分布在非洲，不到1%分布在欧洲。截至2015年有10个拉丁美洲国家种植高科技作物，这10个国家按种植面积从大到小的排列顺序为：巴西、阿根廷、巴拉圭、乌拉圭、玻利维亚、墨西哥、哥伦比亚、洪都拉斯、智利、哥斯达黎加。2015年，非洲大陆的高科技作物种植在多个方面取得进步。2015年南非的一场毁灭性的旱灾导致该国的高科技作物种植面积的减幅达23%，但是仍然达到230万公顷。苏丹的Bt棉花种植面积增加了30%，达到12万公顷。5个欧盟国家种植了116870公顷高科技Bt玉米，西班牙是到目前为止最大的Bt玉米种

植国，占欧盟 Bt 玉米总种植面积的 92%

美国仍是全球高科技作物的领先生产者，种植面积达到 7090 万公顷（占全球种植面积的 39%），主要高科技作物的应用率为玉米 92%、大豆 94%、棉花 94%。全球第二大高科技作物种植国巴西 2015 年的种植面积为 4420 万公顷，比 2014 年增加了 200 万公顷，首次占到全球种植面积的 25%。2015 年是抗虫/抗除草剂复合性状大豆在巴西种植的第三年，其种植面积为 1190 万公顷（比 2014 年的 520 万公顷有所增加）。阿根廷以 2450 万公顷的种植面积保持在第三名，比 2014 年的 2430 万公顷稍有增加。印度的种植面积排名第四，有 1160 万公顷的 Bt 棉花（种植面积与 2014 年相同），应用率为 95%。加拿大排名第五，为 1100 万公顷，油菜总种植面积减少了 40 万公顷，但高科技油菜的应用率仍维持在 93%。2015 年五大种植国的高科技作物种植面积都超过了 1000 万公顷。❶

（二）中国农业高科技生物的生产情况

中国一直高度重视高科技生物技术的研究与应用。从 20 世纪 80 年代中国就开始进行高科技作物的研究，是国际上农业生物工程应用最早的国家之一，高科技作物育种的整体发展水平在发展中国家处于领先地位，在高科技水稻等研究领域已进入国际先进行列。经过二十多年的努力，中国在重要基因发掘、高科技新品种培育及产业化应用等方面都取得了重大成就。初步形成从基础研究、应用研究到产品开发的较为完整的技术体系，取得了一系列重大突破和创新成果。❷

2006 年，中国将高科技生物新品种培育重大专项列入《国家中长期科学和技术发展规划纲要》（2006—2020 年）。2008 年 7 月，国务院批准启动了高科技生物新品种培育重大专项。2009 年 6 月，国务院发

---

❶ Clive James. 2015 年全球生物技术/转基因作物商业化发展态势 [J]. 中国生物工程杂志, 2016（4）.
❷ 农业部农业高科技生物安全管理办公室，中国农业科学院生物技术研究所，中国农业生物技术学会. 转基因 30 年实践 [M]. 北京：中国农业科学技术出版社，2012: 6.

布《促进生物产业加快发展的若干政策》，提出："加快把生物产业培育成为高技术领域的支柱产业和国家的战略性新兴产业。"2010年中央1号文件提出，"继续实施转基因生物新品种培育科技重大专项，抓紧开发具有重要应用价值和自主知识产权的功能基因和生物新品种，在科学评估、依法管理基础上，推进转基因新品种产业化。"

农业部会同科技部、发展改革委等十个高科技生物新品种培育重大专项领导小组成员单位，遵照中央和国务院的总体部署，按照"加快研究、推进应用、规范管理、科学发展"的指导方针，遵循"强化自主创新，突出战略重点，创新管理机制，培植生物产业"的总体思路，坚持以产品和产业为导向，上中下游紧密衔接、多部门多学科联合协作、产品研发与安全评价协调推进和分类分步推进产业化的基本原则，加快实施高科技生物新品种培育重大专项，努力获得一批具有重要应用价值和自主知识产权的基因，培育一批抗逆、抗病虫、优质、高产、高效的高科技生物新品种，为农业可持续发展提供强有力的科技支撑。❶

目前，我国科学家在植物高科技研究整体上已居于发展中国家的领先水平，某些研究成果已接近国际发达国家的先进水平。1984年，世界首批高科技鱼在我国诞生；2007年，上海完成世界首例转绿色荧光蛋白基因克隆兔实验，中国首例"肌肉抑制素前肽"高科技山羊在天津诞生；2008年，中国首例绿色荧光高科技克隆猪产下荧光猪崽，中国首例含$\omega-3$高科技克隆猪降生，首例人治疗性抗体高科技奶牛诞生；2009年，西南大学成功开发出中国首例高科技家蚕有色丝绸品种；2010年，内蒙古大学报道目前世界首例能产生欧米茄-3多不饱和脂肪酸的高科技克隆牛"黄金牛"诞生。但是，中国尚未许可高科技动物进行商品化生产。❷ 目前，中国批准种植的高科技作物只有棉

---

❶ 华网．农业部就农业高科技生物技术与生物安全等问题答问［EB/OL］．http://news.xinhuanet.com/politics/2010-03/16/content_13182580.htm. 2013-10-09.

❷ 中国农村技术开发中心．转基因科普小知识．第16-17页．

花和番木瓜。❶

　　根据国际农业生物技术应用服务组织（ISAAA）负责人 Clive James 的报告，2015 年全球高科技作物的种植面积为 1.797 亿公顷，中国的高科技作物的种植面积位列全球第 6 位，仅次于美国、巴西、阿根廷、印度和加拿大。2015 年，中国种植了 370 万公顷的高科技棉花（棉花总种植面积为 380 万公顷）、543 公顷的 Bt 杨树，以及在广东、海南岛和广西种植了 7000 公顷抗病毒木瓜。尽管低价和高库存导致中国棉花总种植面积从 2014 年的 420 万公顷减少到 380 万公顷，但高科技棉花的应用率从 2014 年的 93% 升高到 2015 年的 96%。种植高科技棉花的农民人数超过 660 万。由于 2014 年（种植面积 8475 公顷）的供应过剩，2015 年抗病毒木瓜的种植面积减少到 7000 公顷，维持了 90% 的高应用率。❷ 根据中国科学院农业政策研究中心的研究结果，高科技抗虫棉花比一般棉花平均提高单产 10%，减少农药用量 60%，减少劳动力投入 7%，扣除种子成本和价格因素，每公顷增收 1250 元。❸ 除了直接受益于 Bt 棉花的农民外，还有 1000 万农民间接受益于 2200 万公顷棉铃虫轮换寄主作物的种植和因种植 Bt 棉花导致的虫害减少。因此，实际受益于高科技 Bt 棉花的中国农民就远远超过了 1700 万。1997—2014 年，农民从 Bt 棉花获得的经济收益为 175 亿美元，仅 2014 年一年就达到了 13 亿美元。❹

　　Bt 玉米和 Bt 水稻对中国、亚洲乃至世界其他地区在近期、中期和长期都具有重大利益和巨大意义，这是因为水稻是世界上最重要的粮食作物，玉米是最重要的饲料作物。中国对 Bt 玉米、抗除草剂玉米、植酸酶玉米和 Bt 水稻的研发及商业化将对中国和全球的粮食和饲料需

---

❶ 农业部网站. 农业部新闻办公室举行新闻发布会就"农业转基因有关情况"答记者问 [EB/OL]. http://www.gov.cn/xinwen/2016-04/14/content_5063985.htm. 2016-04-21.
❷ Clive James. 2015 年全球生物技术/转基因作物商业化发展态势 [J]. 中国生物工程杂志, 2016 (4).
❸ 陈晨, 薛达元. 农户种植抗虫棉的社会经济效益及其影响因素 [C] //薛达元. 转基因生物风险评估与管理——生物安全国际论坛第四次会议论文集. 北京：中国环境科学出版社, 2012: 155.
❹ Clive James. 2015 年全球生物技术/转基因作物商业化发展态势 [J]. 中国生物工程杂志, 2016 (4).

求作出非常重要的潜在贡献。虽然中国大量进口高科技大豆和玉米，但至今尚未在国内生产这些高科技作物。在美国 2015 年批准转基因马铃薯的同时，中国这个全球最大的马铃薯生产国（600 万公顷）宣布计划将马铃薯的种植面积翻番，并将马铃薯指定为继水稻、玉米和小麦之后的第四大主粮。据一些观察者推测，中国的高科技玉米（Bt 或者植酸酶玉米）的商业化将于三年内实施，因而将放开玉米种植面积为 3500 万公顷的巨大潜在市场。此外，中国政府已经向研究机构和国内公司支付了至少 30 亿美元用于研发本国生产的转基因种子，而且中国正在讨论加快高科技作物种植的审批。❶

二、农业高科技生物国际贸易情况

（一）全球农业高科技生物国际贸易情况

主要农业高科技生物均为大宗国际贸易产品，但笔者没有发现对农业高科技生物国际贸易的详细统计。夏友富教授等人的论文对 1996—1999 年的高科技产品的国际贸易进行了定量估算，其结果对推测目前农业高科技生物国际贸易数量具有借鉴意义。其估算步骤为：第一，假定高科技作物产量与正常作物产量一样，然后根据高科技作物的种植率估算出产量；第二，假定主要出口国出口中高科技作物的比重等于高科技作物种植率，也就是说，出口中至少该种植率的产品是高科技生物产品，然后根据其出口量和出口额估算出该国该高科技作物的出口量和出口额；第三，把该国所有的高科技作物的出口量和出口额进行加总得出该国高科技生物产品出口总量和总额；第四，把所有国家高科技产品出口总量和总额进行相加得出世界总出口量和出口总额。❷

---

❶ Clive James. 2015 年全球生物技术/转基因作物商业化发展态势［J］. 中国生物工程杂志，2016（4）.

❷ 夏友富，田凤辉，卜伟. 尚未设防 GMO——转基因产品国际贸易与中国进口定量研究［J］. 国际贸易，2001（7）.

夏友富教授等人的估算结果如下：1996年，大豆、玉米、油菜籽和棉花四种主要高科技作物的出口量为151万吨，出口额为7.18亿美元；1999年分别增至5467万吨和102.52亿美元，分别增长35.1倍和13.28倍。高科技产品总出口量占其高科技产品总产量的比重由1996年的29.26%增加到1999年的34.79%；其占世界总产量的比重由0.18%增加到6.14%；其占同类产品世界出口总量的比重由1.05%增加到32.24%；高科技产品出口额占世界同类产品出口总额的比重由1.44%增加到23.63%。出口量最多的是高科技大豆，1999年数量达2938万吨，占出口总量的53.74%，出口额高达58.35亿美元，占出口总额的56.92%；其次是玉米，分别占37.13%和20.81%；油菜籽345万吨，棉花达154万吨。

从出口国家和地区看，主要集中于美洲地区，美国出口最多，出口量从1996年的131万吨增至1999年的3486万吨，增长25.6倍，出口额从6.57亿美元增至58.33亿美元，增长7.9倍，1999年分别占世界出口量和出口额的63.77%和56.9%；阿根廷居第二位，出口量和出口额分别增长167.5倍和105.2倍，1999年分别占24.76%和24.23%；加拿大位居第三，分别增长31.6倍和23.4倍，1999年分别占7.2%和9.05%。

从主要国家出口的主要高科技作物看，1999年澳大利亚高科技棉花出口最多，出口量和出口额分别为81万吨和6.84亿美元，分别占世界出口量和出口额的52.60%和48.17%；美国位列第二，分别达到67万吨和6.79亿美元，分别占世界出口量和出口额的43.51%和47.82%。美国和阿根廷都是高科技大豆的出口大国，出口量分别为1525万吨和1259万吨，分别占世界出口总量的51.91%和42.85%，出口额分别为31.6亿美元和23.86亿美元，分别占世界出口总额的54.16%和40.89%。美国高科技玉米出口量为1890万吨，出口额为19.81亿美元，分别占世界出口量和出口额的93.10%和92.83%。加拿大是世界上最大的高科技油菜籽出口国，出口量高达341.5万吨，出口额8.5亿美元，分别占世界出口量和出口额的98.99%和

98.45%；美国位居第二，但出口量和出口额分别只有3.76万吨和1262万美元。❶

根据农业生物技术应用国际服务组织（ISAAA）研究获得的数据，1999年全球高科技作物的种植面积为0.399亿公顷❷，而2015年全球高科技作物的种植面积为1.797亿公顷❸，相当于1999年种植面积的4.5倍。由此可以推测，2015年全球高科技作物的出口量和出口额应是1999年出口量和出口额的数倍。

当然，从国别角度观察，个别国家或许会有差异，但高科技作物的种植大国的出口量和出口额会持续增长。美国是全球高科技作物的领先生产者，2015年美国高科技作物种植面积达到7090万公顷，占全球种植面积的39%。美国主要高科技作物的应用率为大豆94%、玉米92%。❹根据美国的主要高科技作物应用率，其生产的大豆和玉米基本为高科技大豆和高科技玉米。从联合国粮农组织2011年食物平衡表可以得知，美国当年生产大豆8419.2万吨，3431.8万吨用于出口，出口量占总产量的40.8%；玉米当年产量3.1亿吨，0.46亿吨用于出口，出口量占总产量的14.8%。❺而日本连续多年都是全球最大的玉米进口国、第三大大豆进口国。2010年日本从美国进口了1434.3万吨玉米、234.7万吨大豆，其中大部分是高科技品种。❻

（二）中国农业高科技生物国际贸易情况

目前，尚无权威发布的中国农业高科技生物国际贸易全面而详细

---

❶ 夏友富，田风辉，卜伟. 尚未设防GMO——转基因产品国际贸易与中国进口定量研究[J]. 国际贸易，2001（7）.

❷ See Clive James. Global Review of Commercialized Transgenic Crops：1999 [EB/OL]. http://www.isaaa.org/resources/publications/briefs/12/default.html. 2015-11-17.

❸ Clive James. 2015年全球生物技术/转基因作物商业化发展态势[J]. 中国生物工程杂志，2016（4）.

❹ Clive James. 2015年全球生物技术/转基因作物商业化发展态势[J]. 中国生物工程杂志，2016（4）.

❺ See The Food and Agriculture Organization of the United Nations [EB/OL]. http://faostat.fao.org/site/368/DesktopDefault.aspx?PageID=368#ancor. 2015-11-09.

❻ 李铁. 破析中国式转基因谬误与谣言 [EB/OL]. http://news.sciencenet.cn/html-news/2011/7/250202-1.shtm. 2015-12-11.

的数据。夏友富教授等人为了分析中国高科技产品进口情况，从《中国海关统计年鉴》获得1996—1999年几种主要作物进口量和进口值数据，按照国别进行分类，同时将各国高科技作物种植比率作为进口中相应作物的高科技作物比率。经过运算，得出不同高科技作物的国别进口量。中国高科技农产品进口量由1996年的8万吨猛增到1999年的283万吨，增加了35倍，进口额由1亿多美元猛增到7亿多美元，增长了5倍多。其中高科技大豆进口量增长124倍，进口额增长100倍，油菜籽的进口量和进口额分别增长355倍和156倍。1999年中国高科技产品进口量和进口额占全球比重分别达5.2%和7.35%。从进口的国别分布看，1999年和1996年相比，从美国的进口量增加约18倍，进口额增长近2倍，分别占1999年进口量和进口额的49%和46%；从阿根廷的进口量和进口额分别增长238倍和17倍，占1999年进口量和进口额的30%和32%；加拿大和澳大利亚也是我国的重要进口国。2000年我国大豆进口量达1042万吨，进口额为22.7亿美元，分别比上年增长141%和155%，还有近80万吨金额达2亿美元的豆油及其残渣，估计其中高科技大豆及其制品至少占650万吨，合11多亿美元；进口油菜籽297万吨，比上一年增长14%，至少80万吨、合2亿美元是高科技油菜籽。高科技大豆和油菜籽合计进口至少730万吨，合13亿美元，仅此两项就分别比1999年增长158%和70%。我国还进口较大数量的猪、牛肉和家禽产品，其中肉鸡杂碎进口量由1998年的19万吨猛增到2000年的80万吨，其中80%来自美国。这些产品的饲料中含有大量高科技玉米、大豆等。❶

2012年3月2日，农业部公布了2004年以来"进口用做加工原料的农业高科技生物审批信息"，共有来自其他国家的79批农业高科技生物获得安全证书，其中有37批农业高科技生物的安全证书在有效期内。全国政协委员、中央农村工作领导小组办公室主任陈锡文在全国

---

❶ 夏友富，田风辉，卜伟. 尚未设防GMO——转基因产品国际贸易与中国进口定量研究 [J]. 国际贸易，2001 (7).

政协十二届一次会议记者会上讲到,在相当一段时间内中国进口一定的转基因的农产品不可避免,我们国家大豆的产量是1300万~1400万吨,但是我们需求的数量超过了7000万吨,仅大豆这一项来说以后还必须进口。❶ 在十几亿人食用油大量增加的背景下,人均使用量年消费从20世纪80年代初的2.6千克增加到目前的22千克,在这样大量增加的背景下,我国进口大豆是必需的、难免的。据测算,我国大豆需求量从1990年的1100万吨增加到2015年的9300万吨。但我国大豆总产量远远不能满足国内需求。从1996年起,我国成为大豆的净进口国,进口量从当年的111万吨持续增加到2015年的8169万吨。2015年的进口量相当于我国要用6.7亿亩的耕地才能生产出来,如果都由国内来生产,这是不可想象的,肯定会挤占其他的作物。因此要满足国内大豆的消费需求,在发展国内生产的同时,还要靠进口来弥补。❷

根据国际农业生物技术应用服务组织(ISAAA)负责人Clive James的报告,中国进口玉米的数量不断增长,进口玉米90%以上为高科技玉米。2015年,中国进口了330万吨高科技玉米。中国消费了全球大豆产量的1/3,大豆进口量占全球大豆进口量的65%,其中90%以上为高科技大豆。2015年,中国进口了7700万吨高科技大豆。❸

根据中国海关的统计,2015年中国出口棉花2.8916万吨。❹ 2015年中国高科技棉花的应用率高达96%。❺ 由此可以大致计算,2015年中国出口高科技棉花2.7759万吨左右。根据中华人民共和国海关《2015年12月出口主要商品量值表》,没有检索到"木瓜"一项。虽

---

❶ 陈锡文. 一段时间内中国进口一定的转基因农产品不可避免 [EB/OL]. http://news.xinhuanet.com/2013lh/2013-03/07/c_124426989.htm,2013-03-20.

❷ 农业部网站. 农业部新闻办公室举行新闻发布会就"农业转基因有关情况"答记者问 [EB/OL]. http://www.gov.cn/xinwen/2016-04/14/content_5063985.htm. 2016-04-21.

❸ Clive James. 2015年全球生物技术/转基因作物商业化发展态势 [J]. 中国生物工程杂志,2016(4).

❹ 中华人民共和国海关. 2015年12月出口主要商品量值表 [EB/OL]. http://www.customs.gov.cn/publish/portal0/tab49667/info785153.htm. 2016-03-12.

❺ Clive James. 2015年全球生物技术/转基因作物商业化发展态势 [J]. 中国生物工程杂志,2016(4).

然中国2015年种植了7000公顷高科技木瓜,但是木瓜并没有被列入2015年主要出口商品,即使中国生产的高科技木瓜出口到其他国家,数量也不会很大。

综上可见,在中国的农业高科技生物对外贸易中,进口的农业高科技生物的数量远远超过出口的农业高科技生物。中国出口的农业高科技生物主要是棉花,2015年出口的2.7759万吨左右高科技棉花相对于7700万吨高科技大豆和330万吨转基因玉米等进口的农业高科技生物而言,可以说是微乎其微。因此,中国目前是农业高科技生物进口大国,应更多关注调整我国农业高科技生物进口的法律规范。

第二节 农业高科技生物国际贸易法律调整的必要性

一、保护人类健康权的需要

健康权是人类享有的基本权利,是人权的重要组成部分。只有保障人类的健康,人类才有能力创造财富,才可能享有物质财富,才能保持精神愉悦。1946年,《世界卫生组织章程》序言指出,健康是指身体、精神和社会福祉的良好状态,不仅仅限于远离疾病;能够达到最高的健康标准是每一个人的基本权利之一。1948年《世界人权宣言》第25条指出,人人有权享有为维持本人和家属的健康和福利所需的生活水准,包括食物、衣着、住房、医疗和必要的社会服务,在遭到失业、疾病、残疾、守寡、衰老或者其他不能控制的情形丧失谋生能力时,有权受到保障。《世界人权宣言》除了承认公民与政治权利之外,还包括了"第二代"权利,这些权利被冠以"经济与社会权利",又被编纂为《经济、社会及文化权利国际公约》。[1] 1966年《经济、社

---

[1] [美] 路易斯·亨金. 国际法:政治与价值 [M]. 张乃根,等,译. 北京:中国政法大学出版社,2005:279.

会及文化权利国际公约》第12条规定了健康权的内容：一、本公约各缔约国承认人人有权享有能达到的最高身体和心理健康标准。二、本公约各缔约国为实现这一权利而采取的措施包括为实现如下目标所采取的措施：（1）降低死胎率和婴儿死亡率，和使儿童得到健康的发育；（2）改善环境卫生和工业卫生的各个方面；（3）预防、治疗和控制传染病、风土病、职业病以及其他疾病；（4）创造保证人人在患病时能得到医疗照顾的条件。该《公约》第2条还规定，每一缔约国承担尽最大能力个别采取步骤或经由国际援助和合作，特别是经济和技术方面的援助和合作，采取步骤以便用一切适当的方法，尤其是采用立法的方法，逐步达到本《公约》所承认的权利的充分实现；缔约国有义务保证公约承认的权利被普遍行使，不得因种族、肤色、性别、语言、宗教、政治或其他见解、国籍或社会出身、财产、出生或其他身份等加以区分。

农业高科技生物是否与传统生物同样安全，目前国际上尚无定论。对农业高科技生物的疑虑主要有毒性问题、过敏性反应问题、抗药性问题、有益成分问题和免疫力问题等。❶ 目前还无法确定农业高科技生物是否完全安全，也无法保证其不会危及人的健康，也无法肯定在当代人食用农业高科技生物后是否会对子孙后代的基因产生影响，进而危及后代的健康。农业高科技生物国际贸易实现了农业高科技生物在不同国家之间的移转，同时也可能把上述安全问题带给进口国，因此出于保护人类健康的目的，应将农业高科技生物国际贸易纳入法律调整范畴。

在湖南"黄金大米事件"中，涉案当事人未经正当的国际贸易程序，擅自将高科技大米带入中国境内给儿童食用，给儿童的身体健康带来隐患。黄金大米（Golden Rice，简称金米）的发明者是瑞士联邦理工学院苏黎世分校植物科学研究所的名誉教授印戈·珀特里库斯和德国弗莱堡大学应用生物科学中心的教授彼得·拜尔。金米的这项研究始于1982年，印戈·珀特里库斯和彼得·拜尔的贡献都在于证明了非常复杂的维生素A前体的生物合成途径可被调整，以加强作物有利

---

❶ 曾北危. 转基因生物安全［M］. 北京：化学工业出版社，2004：39-47.

健康的特性。金米的研发采用了高科技生物技术，它将所需的特定基因插入到水稻基因组中，大大提高了育种的准确性和可控性。据称，金米可以解决维生素 A 缺乏症。人类可以从动物性食品，如鸡蛋、动物肝脏、奶酪和全脂牛奶中摄取维生素 A。同时，芒果、胡萝卜、南瓜及深绿色叶蔬菜含有 β-胡萝卜素，在体内可以转化成维生素 A。金米含有 β-胡萝卜素，可以与其他方法（包括补充维生素 A、饮食多样化、促进最佳母乳喂养和营养教育）一起共同解决维生素 A 缺乏症，有潜力成为有效的、可持续以及低成本的食物，有助于克服以稻米为主要营养来源人群的维生素 A 缺乏症。[1]

2012 年 8 月 1 日，《美国临床营养学杂志》网站发表的名为《黄金大米中的 β-胡萝卜素与油胶囊中的 β-胡萝卜素对儿童补充维生素 A 同样有效》的论文称，为了比较儿童摄入"黄金大米"、菠菜和 β-胡萝卜素油胶囊对补充维生素 A 有何不同，美国塔夫茨大学、湖南疾病预防控制中心、中国疾控中心营养与食品安全所、浙江医学科学院等工作机构的研究人员于 2008 年共同在湖南省的一所小学进行试验，针对的是 6~8 岁的健康的在校小学生。该论文同时称，研究所用材料——黄金大米和菠菜都是在美国生产、处理和蒸煮，然后冷藏运至中国实验所在地加热后供小学生食用。2012 年 8 月 31 日，有网文称，美国一专业网站刊登的论文透露，美国塔夫茨大学一科研机构 2008 年在湖南省一所小学进行过高科技大米（黄金大米）人体试验，该网文随即在国内外引发强烈关注。[2]

经过中国疾控中心、浙江省医科院和湖南省疾控中心的调查，"黄金大米事件"的始末如下。

美国塔夫茨大学汤光文主持的"儿童植物类胡萝卜素维生素 A 当量研究"项目于 2002 年 12 月由美国国立卫生研究院（NIH）糖尿病消

---

[1] 中国生物工程学会科普工作委员会. 黄金大米及其安全性 [J]. 中国生物工程杂志，2012 (9).

[2] 人民日报. "黄金大米试验"疑云调查 [EB/OL]. http://news.xinhuanet.com/food/2012-09/05/c_123672864.htm. 2014-06-07.

化道和肾病研究所批准，荫士安是该项目申请的成员之一。项目内容是研究菠菜、金水稻（俗称"黄金大米"）和 β – 胡萝卜素胶囊中的类胡萝卜素在儿童体内的吸收和转化成维生素 A 的效率，探索预防儿童维生素 A 缺乏症的途径。2003 年 9 月，荫士安以课题中国部分项目负责人的身份，与浙江省医科院签订了美国 NIH 课题合作协议书。塔夫茨大学于 2004 年 8 月与浙江省医科院签订合作研究协议备忘录，合作项目负责人是汤光文，中方负责人是荫士安和王茵。2004 年 10 月，浙江省医科院聘荫士安为客座研究员。2008 年，该项目被转移至湖南省衡阳市衡南县现场，与荫士安在该地开展的国内项目"植物中类胡萝卜素在儿童体内转化成为维生素 A 的效率研究"合并进行。为开展国内的研究项目，中国疾控中心营养食品所与湖南省疾控中心签订了"植物中类胡萝卜素在儿童体内转化成为维生素 A 的效率研究"的课题合作协议书，并确定衡南县江口镇中心小学为项目点。随后，浙江省医科院与湖南省衡南县疾控中心签订了"植物中类胡萝卜素在儿童体内转化成为维生素 A 的效率研究"的课题现场试验合作协议书，但未明确告知实验将使用高科技大米或"黄金大米"，现场设在江口镇中心小学。2008 年 5 月 20 日—6 月 23 日，含"黄金大米"实验组的试验在湖南省衡南县江口镇中心小学实施。试验对象为 80 名儿童，随机分为 3 组，其中 1 组 25 名儿童于 6 月 2 日随午餐每人食用了 60 克"黄金大米"米饭，其余时间和其他组儿童均食用当地采购的食品。"黄金大米"米饭系由汤光文在美国进行烹调后，未按规定向国内相关机构申报，于 2008 年 5 月 29 日携带入境。6 月 2 日午餐时，汤光文等人将加热的"黄金大米"米饭与白米饭混合搅拌后，分发给受试儿童食用。根据调查情况认定：项目所用"黄金大米"从境外带入时未经申报批准，违反了国务院农业高科技生物安全管理有关规定。❶

---

❶ 中国疾控中心，浙江省医科院和湖南省疾控中心. 关于《黄金大米中的 β – 胡萝卜素与油胶囊中的 β – 胡萝卜素对儿童补充维生素 A 同样有效》论文的调查情况通报[EB/OL]. http：//www.chinafic.org/html/xinwen/725.html. 2014 – 06 – 07.

二、保护人类环境权的需要

生态环境是人类生存发展的物质基础和活动空间，为了人类及其他生物的生息繁衍必须保护生态环境。1972年，联合国斯德哥尔摩人类环境会议提出，人人享有自由、平等和足够的生活条件，在良好环境中享有尊严和福祉的权利。❶ 1980年，世界环境和发展委员会（WCED）的文件《自然资源和环境关系一般原则》第1条提出，人类享有实现健康所需的环境权利。1992年《里约环境与发展宣言》指出，各国根据联合国宪章和国际法原则有至高无上的权力按照自己的环境和发展政策开发资源，并有责任保证在管辖或控制范围内的活动不对其他国家或不在其管辖范围内地区的环境造成危害。1994年，联合国防止歧视和保护少数小组委员会颁发的《人权与环境原则宣言草案》第2条指出，所有人有权生活在安全、健康、良好的生态环境之中，该权利与其他公民政治、经济、社会文化权利等人权都是普遍的、相互依存和不可分割的；第5条指出，人人有权远离国内外污染、环境恶化以及威胁人类生活、健康、生存等行为。环境权是一个包括实体权利和程序权利在内的权利体系。❷ 联合国人权和环境权委员会认为，实体环境权利包括：免受环境污染、恶化和对威胁人类生命、健康、生存、福利和可持续发展活动的影响；保护和维持空气、土壤、水、海洋、植物群和动物群、生物多样性和生态系统所必要的基本的进程和区域；可获得的最高健康标准；安全健康的食物、水和工作环境；在安全健康的生态环境中享有充分的住房、土地使用和适当的生活条件；保持可持续地使用自然和资源；保持独特的遗址；土著居民享有传统生活和基本生计。程序权利包括：所有人都有权获得与环境

---

❶ UN. Declaration of the United Nations Conference on the Human Environment, U.N. Doc. A/CONF. 48/14 (1972).

❷ 杜仕菊. 欧洲人权的理论与实践——以欧洲社会现代化进程为视角 [M]. 杭州：浙江人民出版社，2009：166.

有关的信息，包括影响环境的行为信息和使公众能够有效参与环境决策所必需的信息，这些信息应该是及时、清楚和可以理解的，而且对申请者不能设置经济上的负担；所有人都有权持有和表达意见、发表思想和有关环境的信息；所有人都有权获得环境和人权方面的教育；所有人都有权积极地、自由地参与对环境发展有影响的计划和决策；所有人都有权为保护环境和受环境影响的个人权利而自由和平等地同他人相联合；所有人都有权为环境损害和损害的危险寻求行政和司法程序的有效经济补偿。❶

关于环境权是否构成传统人权项下的新兴权利，学者之间存在严重分歧。但是，不管对其权利属性是否达成共识，通过权利设定来保护环境具有积极意义：环境权提出的终极目标是满足人的基本生活需要，将环境权保护上升为人权的高度，将开辟环境保护新的篇章。❷

辩证唯物主义认为，自然和人类社会的发展具有客观规律性，人类社会的发展必须遵守客观规律，否则会受到自然的惩罚。高科技生物带来的环境风险主要通过三种途径：通过超级杂草的发展，通过物种的位移，并通过对非目标物种的意外影响效果。❸农业除了具有生产食物和植物纤维等农产品的主要功能之外，还具有经济、社会和环境方面的非商品功能。❹农业高科技生物基于国际贸易行为发生移转，可能给进口国带来上述环境问题，侵害该国人民的环境权。基于保护人类环境权的目的，应当对农业高科技生物国际贸易进行法律调整。

---

❶ Alan Boyle. International Human Law, Human Rights Approaches to Environmental Protection. P. 48, PP. 67 – 68. 转引自黄应龙. 论环境权及其法律保护 [C] //徐显明. 人权研究（第二卷）. 山东人民出版社，2002：397.

❷ 陈亚芸. 转基因食品的国际法律冲突及协调研究 [M]. 法律出版社，2015：51.

❸ United Nations Development Programme, Human Development Report 2001: Making New Technologies Work For Human Development. Aaron A. Ostrovsky. The European Commission's Regulations for Genetically Modified Organisms and the Current WTO Dispute-Human Health or Environmental Measures? Why the Deliberate Release Directive is More Appropriately Adjudicated in the WTO under the TBT Agreement. Colo. J. Int'l Envtl. L. & Pol'y. 2004（15）.

❹ 王传丽，等. WTO 农业协定与农产品贸易规则 [M]. 北京：北京大学出版社，2009：93.

绿色和平组织状告沃尔玛超市销售高科技大米是中国另一个影响较大的与高科技安全相关的案例。绿色和平组织是一个以保护地球、环境及其各种生物的安全及持续性发展，并以行动作出积极的改变的非政府国际组织。

2010年6月，绿色和平组织的代理律师向深圳市罗湖区人民法院提起诉讼，状告沃尔玛深国投百货有限公司违法销售高科技大米，目的是杜绝零售商出售高科技大米给消费者。这是国际绿色和平组织第一次采取法律手段来阻止高科技大米流入商业渠道。2010年5月和6月间，国际环保组织绿色和平组织在武汉、深圳、东莞和佛山四个城市的沃尔玛、华润万家、永旺（吉之岛）和百佳超市分别进行了散装大米的抽样，并委托具有资质的第三方实验室对这些大米样品进行高科技成分检测。最新检测结果显示，沃尔玛深国投百货有限公司武汉市徐东大街分店抽样的样品呈阳性。这是该组织第二次抽检到沃尔玛旗下店面有出售高科技大米。据绿色和平组织提供的报告显示，2010年3月，该组织在中国八个城市的九家大型连锁超市的19个门店展开调查，从各门店生鲜散装产品（蔬菜、水果和大米）柜台随机购买了83份样品进行检测，其中在湖南长沙沃尔玛超市黄兴南路分店发现有高科技大米出售。绿色和平组织认为，高科技水稻影响环境和生物多样性，可能会导致更多农药使用、严重的次生虫害问题等；且高科技生物在气候变化下可能会更脆弱；在此基础上，高科技生物食品长期安全性未知，其中婴儿可能会成为高危人群；此外，中国的高科技水稻涉及多项国外专利，一旦商业化，可能会遭遇让出我国粮食主权。绿色和平组织相关人士称，中国尚不允许高科技生物大米商业化生产，依据相关法律，目前在中国的高科技大米商业化生产和销售都属违法。显然，沃尔玛超市在分店出售高科技大米，这一行为本身就是违法的。作为全球最大的连锁零售商，沃尔玛完全了解高科技生物食品对人体和环境的长远影响。沃尔玛早在2005年便向英国的消费者作出不会出售任何高科技产品的承诺。然而，沃尔玛不仅对中国的消费者执行了双重标准，更对中国的法律采取了漠视态度。绿色和平组织要求沃尔玛返还原告购米款，立即销毁所有正在销售和库存的高科技大米，建立相关管控体系以避免类似问题再次发生，并通过两家以上的媒体向社会公众正式道歉。同时，该组织也提请政府相关部门展开从种子源头到米制品的彻底调查，保证整个食物链彻底远离违法高科技稻米的污染。❶

三、保护人类食物权的需要

食物直接关系到人类的生存，大部分农业高科技生物属于食物的范畴。《经济、社会及文化权利国际公约》首次正式规定了食物权。该《公约》第11条规定，公约各缔约国承认人人有权为自己和家庭获得相当的生活水准，包括足够的食物、衣着和住房，并能不断改善生活条件。各缔约国将采取适当的步骤保证实现这一权利，并承认为此而实行基于自愿同意的国际合作的重要性。各缔约国既确认人人免于饥饿的权利，应为下列目的分别采取必要的措施和经由国际合作采取必要的措施，包括具体的计划：(1) 充分利用科学知识、传播营养原则的知识和发展或改革土地制度以使天然资源得到最有效的开发和利用等方法，改进粮食的生产、保存及分配方法；(2) 在顾及粮食进口国家和出口国家实际的情况下，保证世界粮食供应会按照需要，公平分配。1987年设立的经济、社会及文化权利委员会的第12号评论文件《足够食物的权利》解释道，食物是一切权利实现的前提，与人类的尊严密不可分，至关重要。《经济、社会及文化权利国际公约》第11条项下的足够的食物标准与一国的社会、经济、文化、气候以及生态等诸多因素息息相关，其中"可持续性"是不可缺少的，即食物的获取要满足当代和下代人的需求。食物权的核心内涵是食物应在质量和数量上足以满足个体饮食需要，不能包含有害物质还应符合既定文化。食物权的实现应是可持续的，并不阻碍其他人权的实现。

---

❶ 人民网. 绿色和平组织状告沃尔玛违法销售转基因大米［EB/OL］. http://finance.people.com.cn/GB/12002012.html. 2015-03-10.

经济、社会及文化权利委员会的第 12 号评论文件《足够食物的权利》列举了国家违反食物权条约的情形：（1）国家不能证明其采取了一切措施和努力不能提供给国民最低程度的食物，而使其免受饥饿。（2）基于种族、肤色、性别、语言、年龄、宗教、政治主张、国际、出身、财富状况等对人们获得食物构成威胁和限制。具体包括：通过正式立法限制或者中止持续获得所需食物；对特定个人或者群体的食物权实现构成歧视；在国内冲突或者其他紧急情况下拒绝接受人道主义食物援助；与食物权项下义务不符的立法和政策措施；未能有效规制个人或群体阻碍他人食物权实现的行为。

经济、社会及文化权利委员会的第 12 号评论文件《足够食物的权利》还指出，各缔约国应认识到国际合作的重要性，一国应尊重别国境内为实现食物权所采取的各种措施，并在必要的时候提供援助。在签署的与食物权相关的国际性文件中应重视足够食物的权利，并为其进一步保护加以努力。各缔约国在任何时候都不应采取限制食物贸易的措施影响别国食物的生产和获得，食物不能用作政治和经济制裁的工具。

经济、社会及文化权利委员会的第 12 号评论文件《足够食物的权利》对食物权在各缔约国的实现提出了建议。由于各国经济发展水平、政治体制和文化各异，公约不对各国如何实现食物权提供统一的范式，在努力实现食物权的前提下给各国留下较大的空间。同时，应注意到贯彻责任原则、透明度原则、公众参与原则、非集权化原则、立法能力和司法独立等共性。建议各缔约国建立与卫生、教育、就业和社会保险等政策相协调的机制，规制食物的生产、包装、流动和安全消费，并提倡对自然资源的可持续管理和利用。各缔约国应建立监督和发展食物权的机制，认识到影响食物权实施的因素和困难，采取立法和行政措施履行公约项下的义务。[1]

全球层面的粮食安全取决于全球的粮食生产总量，一个国家的粮食

---

[1] CESCR: The Right to Adequate Food (Art. 11). Adopted at the Twentieth Session of the Committee on Economic, Social and Cultural Rights. General Comment No. 12. 1999.

安全主要取决于粮食生产能力和粮食进口能力，国内粮食生产和国际粮食贸易是获取粮食的主要途径。❶ 在列举与农业有关的环境问题时，WTO 的报告认为，一个国家的人口增长了，更多的粮食需要就会增长。❷ 国内农业高科技生物的商业化可以增加世界粮食产量，帮助解决食物短缺问题。据联合国粮农组织估计，2012 年全球有 8.42 亿人口生活在饥饿之中。❸ 在 20 世纪之初，全球人口只有 17 亿，而 2015 年 7 月达到了 73 亿。从全球看，8.7 亿人目前处于长期饥饿，20 亿人营养不良。预计 2050 年全球需要供养 97 亿人口，2100 年需要供养 110 亿人口。❹

在 WTO 框架下考虑人权并非没有意义，事实上，存在的障碍已经部分移除，存在开展这类活动的可能性。❺ 在联合国人权理事会特别报告员德舒特与 WTO 总干事拉米于 2009 年 5 月 11 日就贸易特别是农业贸易对饥饿问题的影响展开辩论。德舒特认为，国家在制定贸易政策时忽略了人权，贸易政策受到国际贸易机制的影响。他认为贸易自由化存在如下弊端：其一，分工专门化造成一国产品和服务的单一，这很容易阻碍一国在商品和服务供给方面的全面发展。其二，原材料和初级产品输出国对国际市场依赖严重，原材料价格不稳定对其影响非常大。其三，贸易自由化进程中造成了不公平，资源为小部分人所有的大农场收益最大，而包括大量处于饥饿状态的农民在内的 20 亿个体农民被边缘化。其四，数量很少的大公司控制着农产品贸易链条中最有价值的部分，农产品初级阶段价格与零售价之间的差距越来越大，农民未在农产品价格的

---

❶ 张晓京. WTO 与粮食安全——法律与政策问题 [M]. 武汉：湖北人民出版社，2014：15.

❷ The World Trade Organization Millennium Conference in Seattle: The WTO Recognizes a Relationship between Trade and the Environment and Its Effect on Developing Countries [EB/OL]. http://heinonline.org.

❸ 联合国开发计划署. 2014 年人类发展报告——促进人类持续进步：降低脆弱性，增强抗逆力. 第 21 页.

❹ Clive James. 2015 年全球生物技术/转基因作物商业化发展态势 [J]. 中国生物工程杂志，2016 (4).

❺ GAO, Pengcheng. Rethinking the Relationship between the WTO and International Human Rights [EB/OL]. http://heinonline.org.

增长中获益。拉米认为,贸易的目的是把食物分配给需要的人,解决饥饿的障碍,它并非贸易政策而是财产所有权制度。贸易使得产量少甚至没有产出的人能够从产出多的人那里获得所需要的农产品。❶ 目前,美国、加拿大等国家生产的农业高科技生物很大一部分是用于出口的,而包括非洲国家在内的一些国家则是粮食短缺国家。通过农业高科技生物国际贸易可以调节世界范围内的食物供给量,为食物短缺国家的人民解决粮食危机,解决饱受饥饿的人群的生存问题。

但是,不同国家和不同国家的民众对农业高科技生物的安全性态度并不相同。以美国为代表的国家认为高科技生物食物与传统食物并无区别,仅以传统食物的法律规定加以监管。以欧盟为代表的国家则认为目前并不能确定高科技生物食品的安全性,应对高科技生物食品严格监管。经济、社会及文化权利委员会的第12号评论文件《足够食物的权利》认为,食物权的核心内涵是食物应在质量和数量上足以满足个体饮食需要,不能包含有害物质还应符合既定文化。❷ 对于那些对高科技生物食品存在疑虑的群体而言,通过农业高科技生物国际贸易获得的食物是否可以满足食物权质量方面的要求也同样存在疑问。

2000年,关于高科技生物食物援助的争论在拉丁美洲和亚洲开始产生,是当2002年一些南部非洲国家在一场食物危机中拒绝接受高科技生物食物援助时爆发的。2002年,南部非洲的争论焦点是"是否饥饿要好过吃转基因食物"。在2002—2003年,南部非洲遭遇了严重的食物短缺。在这些国家中,津巴布韦是第一个即刻拒绝美国高科技生物食物援助的国家。马拉维、莫桑比克等国家也要求美国进口的所有高科技玉米在分配前进行研磨,以防止其作为种子被无意使用。莱索托和斯威士兰虽然批准了非研磨高科技生物食物援助的分配,但其警告公众应严格用于消费而不得种植。几个月后,赞比亚决定彻底禁止

---

❶ Un rapporteur and WTO head debate on the impact of trade on hunger [EB/OL]. https://www.wto.org/english/forums_e/debates_e/debate14_summary_e.htm. 2014-12-12.

❷ CESCR: The Right to Adequate Food (Art. 11). Adopted at the Twentieth Session of the Committee on Economic, Social and Cultural Rights. General Comment No. 12. 1999.

高科技生物食物援助。2004 年，在苏丹和安哥拉对高科技生物食物援助加以限制后，高科技生物食物援助的争论再次爆发。❶ 在面临饥饿威胁之际，非洲国家对高科技生物食物采取了限制甚至是禁止的态度。因此，对农业高科技生物的国际贸易加以法律调整以充分保护人类的食物权，实属必要。

四、保障消费者知情权的需要

"知情权"一词由美国记者肯特·库伯于 1945 年首次提出。知情权是指，公民有权利知晓关系切身权益的事情，政府不得肆意干涉这种权利，而且还应予以确认和保护。消费者知情权，也称消费者获得消费信息权或获得消费情报权，是消费者依法享有了解其购买、使用的商品和接受服务有关的真实情况的权利。1985 年，联合国大会通过的《联合国保护消费者准则》以国际法文件的形式提出了应予保护的消费者权利：（1）消费者的健康和安全不受危害；（2）促进和保护消费者经济利益；（3）保障消费者获得取得充足信息，使其按照个人愿望和需要作出选择；（4）消费者的受教育权；（5）为消费者提供有效的救济途径；（6）消费者组建有关团体或组织的自由，对影响消费者权利的决策有表达意见的机会。消费者知情权是消费者权利的重要组成部分。

消费者是为了个人及家庭的生活需要而购买、使用商品或服务的主体。而国际贸易法律关系的主体往往并不包括为个人生活需要购买商品或者接受服务的个人，《联合国国际货物销售合同公约》第 2 条明确规定，《公约》不适用于购供私人、家人或家庭使用的货物的销售，除非卖方在订立合同前任何时候或订立合同时不知道而且没有理由知道这些货物是购供这种使用。因此，消费者本身并非高科技农产品国

---

❶ Africa Center for Biosafety, Earthlife Africa, Environmental Rights Action-Friends of the Earth Nigeria, Grain and SafeAge: GM Food Aid: Africa Denied Choice Again? . http：//acbio. org. za/gm-food-aid-africa-denied-choice-once-again/. 2015 – 11 – 19.

际贸易法律关系中的主体。但是，生产和流通的最终目的是消费，随着国际贸易而流转的农业高科技生物大多是要供消费者消费的，消费者对于随着农业高科技生物国际贸易渠道进入市场的农业高科技生物的相关信息应享有知情权。

消费者朱燕翎女士就雀巢产品含有高科技生物成分起诉雀巢公司侵犯其知情权一案曾轰动一时。2003年3月，消费者朱燕翎在上海某超市购买了一袋"雀巢巧伴伴"即溶饮品。不久她通过新闻媒体得知国内销售的雀巢产品含有高科技抗草甘磷大豆成分。同时，她还发现自己购买的"雀巢巧伴伴"产品包装上没有注明内含高科技生物成分。朱燕翎认为，雀巢巧伴伴中含有高科技生物成分可能会危害人们的身体健康，但雀巢公司在明知的情况下故意隐瞒该事实，构成欺诈，侵犯了消费者的知情权和选择权。朱燕翎于2003年4月提起诉讼，要求雀巢公司在其产品上标注高科技生物成分，并退一赔一，索赔金额共计人民币13.6元。2003年6月，上海市第二中级人民法院正式受理了朱燕翎对雀巢公司的诉讼。上海市第二中级人民法院经审理认定，依据现有法律法规的有关规定，如果产品中含有高科技生物成分是应当标识的，如果经营者对其产品没有标识，其行为对于购买其产品的消费者构成欺诈，应承担相应的法律责任。雀巢产品中是否含有高科技生物成分是认定雀巢公司是否构成侵权的关键事实依据。2003年8月，法院委托上海市农科院依据"巢式PCR方法"进行检验，结果为该产品中含有高科技生物成分。但雀巢公司不认可该结论，要求重新鉴定。2003年10月，法院又指定上海市农科院对鉴定结论进行复检。上海市农科院依据农业部制定的《转基因植物及其产品检测大豆定性PCR方法》进行复检，结论为该产品中不含高科技生物成分。法院认为，农业部制定的《转基因植物及其产品检测大豆定性PCR方法》，是在现有实验设施和技术水平下的农业行业标准，因此上海市农科院于2003年12月出具的最终鉴定结论具有证明效力。因此，法院认为原告朱燕翎的诉讼请求缺乏事实依据，判决驳回原告诉讼请求。后来朱燕翎上诉到上海高级人民法院后，该院认为上海农科院的巢式PCR方法在检测手段和技术上是否具有领先性，以及检测结论是否具有确定性，均未得到国家有关主管部门的审核认可，因此不能采用。上海农科院第二次采用的检测方式是目前对高科技植物及其产品进行检测的农业行业标准，具有现实性和规范性，因此，终审维持原判。同时，原告在2003年一审开庭中无意中发现雀巢存在欺诈行为：原告认为雀巢公司标榜自己是"制造商"，其实雀巢公司只是"食品分装商"。高院认为，原告在举证期限内未提供证据，因此认定朱燕翎主张雀巢公司在食品制造上存在欺诈行为不能成立。❶

在状告雀巢公司未在产品上标注含有高科技信息，侵犯了消费者知情权败诉后，消费者朱燕翎再次向上海市虹口区法院起诉雀巢公司和某超市，理由是雀巢公司隐瞒进口分装食品的情形，以及产品未注明含有高科技生物成分，对消费者构成了欺诈。对此，雀巢公司以及超市认为，法院已指定机构就雀巢产品进行过检测，结果显示雀巢公司的产品并不含有高科技生物成分，故不存在朱燕翎所诉称的侵权情况。为此代理律师出示了德国基因时代实验室鉴定证实雀巢产品含有高科技生物成分的鉴定书，要求法院支持自己的诉讼。法院审理后认为，朱燕翎仅凭网络以及报刊文章的内容，无法证明雀巢产品就含有高科技生物成分。且法院在审理过程中，委托中国检验检疫科学研究院动植物检疫研究所对雀巢巧伴伴进行了鉴定，结果显示该产品不含有高科技生物成分。此外，法院认为雀巢公司采用进口大包装食品原料进行分装、包装后销售，未在包装上标注原产地名称的行为也没有违反法律的规定，不构成朱燕翎诉称的存在欺诈行为。据此，上海市虹口区法院一审作出判决，驳回了朱燕翎的诉讼请求。❷ 朱燕翎上诉到上海市第二中级人民法院后，代理律师举出了十余份证据，包括"绿色中国网站"上登出的雀巢巧伴伴含高科技生物成分的报道，以及德

---

❶ 胡笑红，马梅芳. 消费者状告雀巢转基因案败诉 [EB/OL]. http://www.china.com.cn/chinese/EC-c/689374.htm. 2014-03-09.

❷ 朱勇. 新证据难助消费者胜雀巢，虹口法院昨一审判决原告朱燕翎败诉 [EB/OL]. http://news.sohu.com/20051228/n241175076.shtml. 2014-03-09.

国专家和检测机构对2002年12月雀巢公司生产的雀巢巧伴伴的检测报告。朱燕翎的代理律师在接受采访时表示，朱燕翎曾委托世界上最权威的检测机构——德国基因时代实验室对雀巢产品进行了检测，结果显示含有高科技DNA成分。但法院一审判决书却对此只字未提，因此希望上诉后终审法院能考虑和采纳该份鉴定。❶

农业高科技生物是新兴的生物科技成果，其与传统的同类生物在外观上并无差别，需要检测机构采用专门的检测方法和仪器设备进行检测。高科技生物食品的研究开发需要比较专业的知识，消费者很难得知食品中含有哪种高科技生物成分，所含有的高科技生物成分是否会造成损害。❷ 农业高科技生物的生产商和进口商等经营者都具有较强的经济实力，甚至拥有自己独立的实验室，掌握着农业高科技生物的相关信息。而消费者在技术知识和经济实力等方面都无法与生产者和经营者相提并论，除了由生产者、经营者告知农业高科技生物的相关信息外，很难通过其他途径获取相关信息，二者之间表现出信息严重不对称的状况。在信息不对称的情况下，即市场上商品的质量在很大程度上受控于拥有隐蔽信息的一方时，拥有信息的生产者和经营者出于实现自身经济利益最大化的目的，会利用其信息优势地位，隐匿可能对消费者产生不利影响的信息，侵害消费者的知情权。

而农业高科技生物的标识制度是消费者知情权的重要保障。与欧盟国家等采用强制性标签制度不同，美国一直奉行自愿标签制度。但是，几乎所有的美国人，即超过93%的美国人说，无论是否为高科技生物食品，联邦政府都应该要求加标签。❸ 在2011年和2012年，一个名为"立即标识"的向食品和药品管理局的请愿表明，美国人关心高

---

❶ 李燕. 朱燕翎诉雀巢转基因案昨再开庭 [EB/OL]. http://news.sina.com.cn/o/2006-03-08/01458385620s.shtml. 2014-03-09.

❷ 赵福江，等. 食品安全法律保护热点问题研究 [M]. 北京：中国检察出版社，2012: 66.

❸ Poll. Skepticism of Genetically Modified Foods, ABC News, June 19, 2013 [EB/OL]. http://abcnews.go.com/Technology/story?id=97567. 2014-06-25.

科技生物食品的标签。超过一百万的美国人在请愿书上签名,表示他们希望在高科技生物产品或含有高科技生物的产品上贴上这样的标签。❶ 民意调查、民意测验和由高校进行的研究也表明,美国人希望标记高科技生物产品。❷ 2012年,美国加利福尼亚关于高科技生物标签的第37号动议引起了全国性的对高科技生物强制标签的关注。❸ 支持生物技术的运动获得了消费者的支持。如果这些运动和广泛意义上的教育活动能同给消费者带来实质性和明确利益的产品市场营销相结合,可能会取得更好的效果。❹

五、维护农业高科技生物国际贸易秩序的需要

尽管自由贸易的理论在不断完善,但自由贸易的理想与政府干预和贸易保护之间的冲突却从未停止,在国际农产品贸易领域,这一冲突愈演愈烈。❺ 由于各国对发展农业高科技生物的态度不同,各国关于农业高科技生物的法律规定也存在较大差异,这在一定程度上会影响农业高科技生物国际贸易的发展。

国家粮油信息中心2013年12月3日消息,国家质量监督检验检疫总局新闻发言人、新闻办主任表示,质检总局下属深圳出入境检验检疫局日前在对一船进口美国玉米实施检验检疫中,检出含有未经我国农业部门批准的MIR162高科技生物成分。该批玉米重6万多吨,深圳出入境检验检疫局进行了退运处理。根据船期,原本预计11月我国玉米到港量60吨,12月到港量175万吨,2013年我国进口玉米400万

---

❶ "Labelers" To Protest FDA Inaction on GMO Food January 10 [EB/OL]. http://gov.ulitzer.com/node/2921016. 2014-06-25.

❷ Travis Nunziato. "You Say Tomato, I Say Solanum Lycopersicum Containing Beta-ionone and Phenylacetaldehyde": an Analysis of Connecticut's GMO Labeling Legislation. Food and Drug Law Journal. 69, 2014.

❸ Ross H. Pifer. Mandatory Labeling Laws: What Do Recent State Enactments Portend for the Future of GMOs?. Penn State Law Review. Spring, 2014.

❹ [瑞士] 托马斯·伯纳尔. 王大明,刘彬,译. 基因、贸易和管制:食品生物技术冲突的根源 [M]. 北京:科学出版社,2011:199.

❺ 龚宇. WTO农产品贸易法律制度研究 [M]. 厦门:厦门大学出版社,2005:7-8.

吨。但由于我国开始出现"退运玉米事件",加上美国出口商可能推迟船期,未来几个月进口玉米实际到港量将低于预期。据贸易商反映,2013 以来,在中国进口商与美国出口商签订的合同中,如果出现技术上的问题,如高科技生物等问题而导致采购方玉米进口受到影响,则全部由出口方负责。❶ 由于美国进口商没有遵守中国的法律规定,美国高科技生物玉米被退运,这会损害进口方和出口方的经济利益,也会对国际贸易产生不利的影响。

而在中国出口欧盟的大米中,也被查获含有高科技生物成分,这严重地影响了中国大米的出口。自 2006 年起,含有 Bt63 高科技生物的中国米制品就出现在欧盟的预警系统中。2011 年,因频频出现在预警通报上,加之当年欧盟委员会食品与兽医事务处访华代表团关于中国大米受高科技污染影响的报告,2011 年年底,欧盟委员会发布《对中国出口大米制品中含有高科技生物成分采取紧急措施的决定》,欧盟 27 国对中国 25 种米制品采取强制性高科技生物成分检测,并依据检测结果采取退货和销毁处理的措施。2012 年 6 月 6 日,欧盟发出《欧盟食品和饲料快速预警通报》(以下简称"预警通报"),称中国在输欧大米制品中检出"非法高科技生物"。自 2012 年开始,欧盟已经 19 次通过"预警通报"指出从中国进口的食品中检出非法高科技生物。其中一次标明是含有 Bt63 抗虫基因,其余未标明是何种基因。所涉及的产品品种为米线、米粉制品。此外其他食品,如饼干、芝麻汤圆等,也数次被检出含有高科技生物成分。欧盟最新的管控系统能够检测出大米产品中的 26 种高科技生物物质,欧盟要求中国官方必须在向欧盟出口前批批提交米制品的检验报告,表明是否含有高科技生物成分。而且,欧盟成员国还要加强抽样和检测的频率,使抽样和检测覆盖所有中国进口的米制品。这被称为中国米制品史上最为严苛的入境检查。欧盟要求进口的高科技农产品必须强制性加贴标签,而美国反对,美国认为这是欧盟利用技术壁垒进行贸易歧视。中国亦要求出口到中国

---

❶ 佚名. 转基因问题影响美玉米对中国出口 [J]. 畜牧业, 2013 (12).

的高科技农产品须预先取得安全证书和批准方可进口。但这些米制品在中国和欧盟都无法贴上高科技生物的标签。因为中国农业部虽然在2009年为两个高科技水稻品系颁发了"生产应用安全证书",但尚未批准高科技生物水稻的商业化种植,而欧盟亦未批准Bt63基因在其区域内为合法物质。此前,绿色和平组织调查显示,早在2005年,中国湖北多个地方的种子市场、农技站和种子站就在非法售卖当时尚未通过安全审评的高科技水稻。2010年,该组织调查发现,湖北和湖南等地仍旧存在违法高科技稻种的销售。该组织人士称,这有可能说明中国国内现在仍有高科技水稻在非法种植,或者是前几年收获的高科技大米刚刚进入流通渠道。❶ 上述水稻没有获得中国安全证书和被批准进行商业化种植,欧盟也没有批准这种高科技水稻可以合法进口,因此这类稻米是无法通过合法的国际贸易途径流转的,被退货处理也会给出口方带来巨大的经济损失。

根据成晓维等人的研究,在被检出高科技大米成分的六份样品中,有三份样品被确证为Bt63高科技大米品系;有两份样品被确证为科丰6号。高科技水稻Bt63是由湖北省武汉市的华中农业大学研发的,获得农业高科技生物安全证书的正是该大学研发的高科技水稻"汕优Bt63";科丰6号则是中国科学院遗传与发育生物学研究所育成,1989年通过北京市和天津市农作物品种审定委员审定。由此推测,我国某些地区在非法销售未经国家批准的高科技水稻种子,部分高科技水稻已经流入了市场。此外,有几个高科技大米及米制品无法确定其品系,由此推断,目前市场上可能还有其他品系的高科技大米存在。在对1份小麦样品进行检测时,发现除检出Wx012、Ubiquitin外,还含有Lectin、CP4 – CTP,在1份米线样品中检出NPTⅡ。出现这些情况的原因,可能是企业加工生产小麦和大豆时所用机器为同一台设备或同一条生产线,在加工完大豆产品后没有清理干净就用于生产加工小麦产品,从而导致这种情况的发

---

❶ 李艳洁. 中国出口欧盟大米制品被查获非法转基因 [N]. 中国经营报, 2012 – 06 – 18 (02).

生。由此可知，如果企业用同一台设备或同一条生产线生产加工两种或两种以上可能含高科技生物成分的产品，又没有及时充分清理生产设备或生产线，极有可能出现交叉污染的情况，严重的可能需要放弃整条产品线，甚至停产。另一方面，由于高科技作物的基因得到改良，产量往往得到提高，而价格则相对低廉，部分生产企业为控制成本会选择高科技生物产品作为原料，更有许多生产厂家疏于对原料来源的把关，使用了高科技生物产品作为原料，从而造成最终产品中含有高科技生物成分，并最终造成食品生产加工企业的产品含有高科技生物成分。对此，各食品企业应严把原料质量关，防止原料受到高科技生物的污染。[1]

为了确保安全、卫生的农业高科技生物进入中国的消费市场，保护农业生产和环境安全，出入境检验检疫部门应严格执法，对农业高科技生物的装卸、运输、储存、加工过程及下脚料无害化处理实施严格监督管理。以高科技大豆进口的检验检疫为例，第一，应要求进口企业成立一个由行政、报检、加工、仓储等部门负责人组成的进口粮油加工监管协调小组，实行责任制，分工落实检疫处理责任，并负责与检验检疫部门联系，贯彻落实有关检疫措施；第二，要求进口企业在每批大豆到港前及时提供储存和加工计划，严禁高科技大豆下乡作为种子使用，未经同意一律不准销售或挪作他用，大豆入库、出库、加工、核销数量，豆粕数量和流向等均要有相应记录；第三，要求进口企业严格管理大豆使用各环节中产生的下脚料和清理物，并指定有明显标志的特定区域作为重点检疫监管区用于下脚料的集中堆放，在下脚料焚烧处理过程中，检验检疫人员进行现场监管；第四，检验检疫部门应及时监督和指导对可能染疫的场所，诸如卸货、贮运、加工等处进行清洁或消毒工作，定期对码头、贮运、加工厂等周围环境作疫情调查，一旦发现疫情及时扑灭；第五，对检验检疫不符合规定的大豆，应及时出具不合格证书，为进口企业向外方索赔、挽回货物损

---

[1] 成晓维，等. 我国进出口农产品转基因成分检测与分析 [J]. 中国农业大学学报，2014 (3).

失提供有力的证明，同时对不合格大豆要严格按照国家有关规定处理，严防不合格高科技大豆流入我国消费市场。❶ 该机构关于进口大豆监管的措施可供借鉴。

在农业高科技生物国际贸易中，影响最大的莫过于WTO处理的美国等国与欧盟之间的高科技农产品国际贸易争端案。

从1998年10月开始，丹麦、意大利、法国、希腊、奥地利、卢森堡等欧盟国家停止高科技生物的审批程序。许多欧盟国家还禁止进口1998年10月以前欧盟允许进口的农业高科技生物。虽然欧盟没有任何法律规定禁止高科技生物上市审批，但欧盟宣布停止审批新的高科技生物，这在事实上限制了农业高科技生物的进口。欧盟对高科技生物进口的管理措施给美国农产品出口造成了巨大影响。2003年5月，美国、加拿大、阿根廷分别请求在WTO框架下与欧盟就妨碍或禁止农产品及食品进口问题进行磋商。美国等国家认为，自1998年以来，欧盟延迟审批高科技产品，限制了农产品及食品进口。一些欧盟国家限制转基因产品的国内销售及进口，尤其是经欧盟批准在成员国进口和销售的高科技产品。❷ 包括中国在内的国家和地区作为第三方参与了案件。2006年5月10日，专家组在历经2年多的时间、至少五次推迟的情况下，最终出台报告。2006年11月29日，专家组报告获得通过，欧盟及其成员国败诉。

双方的争论要点及裁决结果如下。❸

1. 欧盟事实上的普遍暂停问题。美国等国认为，自1998年10月以来，欧盟的高科技生物审批程序造成了高科技农产品申请授权及审批被全面中止，构成了"事实上的普遍暂停"。美国等国认为，虽然暂停措

---

❶ 何龙凉，等. 防城港口岸进境转基因大豆贸易概况及检验检疫分析 [J]. 大豆科学，2013（4）.

❷ WTO. European Communities-measures Affecting the Approval and Marketing of Biotech Products. WT/DS291, WT/DS292 and WT/DS293.

❸ WTO. European Communities-measures Affecting the Approval and Markcting of Biotech Products. WT/DS291, WT/DS292 and WT/DS293.

施,但不是欧盟正式法规决策程序或决议决策程序,但却是欧盟制定的。该暂停措施有效中止了一些高科技生物进口的审批决定,违反了 SPS 协定的部分条款。欧盟则认为,对包括 SPS 协定在内的 WTO 诸协定的理解和适用应参考 WTO 之外的有关国际法规则,与本案相关的法律文件为《生物多样性公约》和《卡塔赫纳生物安全议定书》。欧盟、阿根廷和加拿大是《生物多样性公约》的缔约国,美国也已签署了该公约。阿根廷和加拿大已经签署《卡塔赫纳生物安全议定书》,美国参与了该议定书的生物安全资料交换所,都应遵守该协定。美国认为,除了 WTO 协定外,没有其他相关的国际法律文件可以适用,美国没有批准议定书,其不能适用于美国和欧盟之间的关系。专家组认为,只有欧盟是议定书的缔约方,阿根廷和加拿大虽已签署、但还未批准,美国还没有签署,这几个国家都不是议定书的缔约方。专家组认为,欧盟自 1999 年 6 月—2003 年 8 月无法完成高科技生物产品的审批程序,存在"事实上的暂停",构成不当延迟,违反了 SPS 协定的相关规定。

2. 对特定产品的市场禁令问题。美国等国认为,欧盟及其成员国未能批准 40 宗特定产品的申请,根据《高科技生物有意环境释放》(EC/2001/18)28 宗申请被暂停,根据《新食品和新食品成分》(EC/258/97)12 宗申请被暂停,构成"特定产品暂停",是全面暂停应用于个别申请的直接后果。美国等国认为,特定产品暂停措施不仅违反了 SPS 协定相关条款,而且也违反了 GATT 1994 和 TBT 协定的相关条款。欧盟认为其只是还未对高科技农产品作出最后的审批。专家组认定,美国等国的 27 宗产品申请中的 24 项在审批过程中存在不当延迟,欧盟违反了 SPS 协定的相关条款。

3. 欧盟成员国国内保障措施问题。美国认为,欧盟已经批准了美国等国的高科技油菜籽和玉米进口及销售,但欧盟部分成员国根据风险预防原则出台的保障措施对上述产品实施进口、销售的禁令。六个欧盟成员国出台了九项保障措施,这些保障措施违反了 SPS 协定,尤其是违反 SPS 协定关于风险评估和科学原则的规定。欧盟成员国在防范风险水平上实施了武断的或不合理的歧视措施,导致了对国际贸易的歧视或变相限制。欧盟则认为，上述保障措施是各成员国基于风险预防原则采取的合理措施。欧盟认为，风险预防原则已经成为一项成熟的一般国际法准则。美国则认为，风险预防原则不符合相关要求，不能成为国际法一般原则。专家组认为，风险预防原则的法律地位将继续悬而未决，专家组不试图、也没有必要解决这一问题。专家组认定，欧盟成员国采取的保障措施违反了 SPS 协定，欧盟应承担连带责任。

欧盟在高科技生物监管框架下的措施构成了贸易壁垒，违反了 WTO 多边贸易体制中的义务。❶ 欧盟的禁令违反了 SPS 协议的若干规定，因为这项措施不是基于一个可适用的国际标准或科学的理由，并且是不合理的歧视性和对国际贸易的变相限制。❷ 在本案中，WTO 最终裁决美国等国胜诉。在本案最终裁决之前，欧盟已于 2004 年解除了禁令，批准一个高科技玉米品种上市。但美国等国不撤诉，坚持要 WTO 作出裁决。长期以来，欧盟以高科技生物安全不确定性为理由，按照风险预防原则对进口高科技农产品采取限制措施，其政策有被效仿趋势，这对积极开拓高科技农产品海外市场的美国等国是一个沉重的打击。因此，美国等国诉诸 WTO 的真正目的是借 WTO 削弱欧盟高科技农产品政策的影响。❸ 美国等国诉欧盟高科技农产品案的裁决没有解决高科技生物技术的安全性问题，WTO 专家组是从程序角度出发认定欧盟的措施违反了相关协议的规定。美国和欧盟高科技生物调整制度反映了国际层面的差异。❹ 不同国家对农业高科技生物持有的不同态度和采取的措施会对农业高科技生物国际贸易的发展带来不确定性。

---

❶ Jacqueline Peel, Rebecca Nelson and Lee Godden. GMO Trade Wars: The Submissions in the EC-GMO Dispute in the WTO GMO Trade Wars. Melbourne Journal of International Law. Vol.6, 2005.

❷ Hal S. Shapiro. The Rules That Swallowed the Exceptions: The WTO SPS Agreement and Its Relationship to GATT Articles XX and XXI the Threat of the EU-GMO Dispute [EB/OL]. http://heinonline.org.

❸ 付仲文，李宁. 美欧转基因农产品争端诉 WTO 案例分析 [J]. 世界农业，2008 (3).

❹ David E. Sella-Vidlla. Gently Modified Operations: How Environmental Concerns Addressed Through Customs Procedures Can Successfully Resolve The US-EU GMO Dispute [EB/OL]. http://heinonline.org.

第三章 调整农业高科技生物国际贸易的 WTO 诸条约

第一节 《马拉喀什建立世界贸易组织协定》（WTO 协定）

一、从 GATT 到 WTO

（一）GATT 的建立

1995 年 1 月 1 日成立的世界贸易组织（World Trade Organization，以下简称 WTO）是当今世界上全面调整各国、各地区贸易关系与贸易政策规模最大、范围最广的国际经济组织。WTO 法律体系是当今国际法一个重要的组成部分，它是现代国际法中内容最新、发展最快、运用范围最广泛的法律体系之一，不仅在传统国际法的基础上有不少创新和突破，而且其法律规则从实体到程序都独具特色。

WTO 的前身是关税与贸易总协定（General Agreement on Tariffs and Trade，GATT）。1945 年 11 月，美国提出缔结一个多边国际公约，包含关税、优惠、数量限制、补贴、国有贸易、国际商品协定等所有国际贸易规则，还提出建立国际贸易组织（International Trade Organization，ITO），作为与国际货币基金组织、世界银行并列的联合国机构。1946 年 2 月，美国在上述方案的基础上拟定了《国际贸易组织宪章草案》，建议联合国经济社会理事会召开世界贸易和就业会议讨论该草案，酝酿建立国际贸易组织。1947年11月11日，有56个国家代表参加的"联合国贸易与就业会议"在哈瓦那召开，最后经53个国家同意，于1948年3月通过了《国际贸易组织宪章草案》。在交由各国批准时，该宪章遭到美国等国家议会的反对，拒绝批准该宪章。

为尽快解决各国普遍存在的高关税问题，1947年4月，经济社会理事会在日内瓦召开的贸易与就业会议第二次筹委会上，在讨论《国际贸易组织宪章草案》的同时，在美国的积极推动下，美国、英国、加拿大和印度等23个国家在双边谈判的基础上签订了123项双边关税减让协议，涉及五万种商品，涉及商品关税45000项，影响100亿美元的贸易额，大约相当于世界贸易额的1/5。谈判后，一个称为"关税与贸易协定委员会"的机构把这些减税协议与《国际贸易组织宪章草案》中关于贸易政策的部分合并，汇编成单一文本，称为"关税与贸易总协定"，以此作为一项过渡性的临时协议来处理各国在关税和贸易方面的问题，待以后国际贸易组织成立后再用国际贸易组织宪章取而代之。自1948年1月1日起，GATT临时实施，后由于国际贸易组织的夭折，GATT反而替代国际贸易组织成为管理多边贸易的临时性工具，并成为存在47年的事实上的准国际组织，发挥着全球唯一的多边贸易协定和国际贸易机构的作用。

（二）WTO的建立

在从1987年2月开始的乌拉圭回合谈判过程中，学术界和一些国家政府开始考虑成立一个国际组织，以取代关税与贸易总协定（GATT）的非正式国际组织身份，清理东京回合（1973—1979年）留下来的混乱局面，并将乌拉圭回合谈判结果全部纳入其中。在众多学者的提案中，美国的约翰·杰克逊关于建立世界贸易组织的方案最为成熟。1990年2月，意大利代表团对此倡议给予公开支持；同年4月，加拿大代表团在墨西哥召开的部长级会议上正式提交议案，建议成立一个世界贸易组织，但该议案没有被采纳。在同年6月的会议上，欧共体再次以

12个成员国的名义向"乌拉圭回合体制职能谈判小组"正式提出"建立多边贸易组织提案",这个提案随即得到加拿大的支持,但却遭到美国的反对。

由于美国的坚决反对,加上许多代表团担心该议题会冲淡对其他重要议题的讨论,代表团一致同意将建立新组织的想法推迟到谈判结束以后考虑。

1991年11月,在体制职能谈判小组的谈判中,加拿大、墨西哥和欧盟再次提议起草《MTO协定》。于是,在同年12月最后一个谈判日起草了一个仅有16条的协定,放在所有谈判协定的最后,提交贸易谈判委员会审议。美国与日本一直本着不同意成立新组织的原则参加了谈判,但当未完成的协定草案提交给贸易谈判委员会时,美、日两国却没有表示反对。

1993年11月,乌拉圭回合谈判结束前,各方原则上形成了"建立多边贸易组织协定"的决议。在美国代表的提议下,决定将"多边贸易组织"易名为"世界贸易组织"(WTO)。1993年12月15日,乌拉圭回合谈判结束。1994年4月15日,在摩洛哥的马拉喀什召开的GATT部长级会议上,乌拉圭回合谈判各项议题的协定均获通过,并以无保留例外的"一揽子"方式被各成员接受。104个参加方政府代表签署了《马拉喀什建立世界贸易组织协定》。1995年1月1日,上述协定生效,WTO成为管理世界贸易的国际组织。

(三) GATT 与 WTO 的关系

GATT 与 WTO 有着内在的历史继承性和一致性。一方面,作为多边货物贸易的国际协议 GATT 仍然存在,在 WTO 中继续以 GATT 1994 的形式存在。它是 GATT1947 经过修改后的最新文本,成为 WTO 诸多协议的组成部分之一。WTO 合理地继承了 GATT 的内核,包括 GATT 的基本原则、宗旨,以及多边货物贸易规则。

另一方面,GATT 作为独立的管理多边货物贸易的国际机构,即事实上的"国际贸易组织"已不存在,取而代之的是 1995 年成立的 WTO。

但 GATT 这个实体并没有解散，而是变成 WTO 的下属机构——货物贸易理事会，负责监督多边货物贸易规则的实施，GATT 的所有工作人员也被 WTO 雇佣。在组织构成上，WTO 成员完全以原 GATT 成员为主体，125 个 GATT 缔约方已成为 WTO 创始成员。更重要的是，GATT 组织活动原则、程序规则的习惯做法也被 WTO 接受。WTO 协定第 16 条规定，除非本协议或诸边贸易协议另有规定，WTO 将接受 GATT 1947 缔约方在 GATT1947 法律框架内建立起的机构所遵循的 GATT 的决定、程序、习惯做法的指引。因此，WTO 是对 GATT 的继承和发展。

二、WTO 的法律体系

（一）WTO 协定

WTO 协定是 WTO 的宪章性协定。它创建了一个全新的国际组织，负责管理一个包含《关税和贸易总协定》、以往贸易自由化努力的结果，以及乌拉圭回合多边贸易谈判全部结果的，完整、更为可行和持久的多边贸易体制。

WTO 协定规定了 WTO 的组织功能、法律适用范围、成员资格、决策机制等。WTO 协定本身并不包含贸易政策义务的实体内容。这些内容包含在 WTO 协定的四个附件里。

（二）WTO 协定的附件

1. 附件 1

附件 1 包括关于货物贸易的实质性多边贸易协定（附件 1A）；《服务贸易总协定》（附件 1B），以及《与贸易有关的知识产权协定》（附件 1C）。

附件 1A 包括《农业协定》《实施卫生与动植物检疫措施协定》《技术性贸易壁垒协定》《反倾销协定》《补贴与反补贴措施协定》和《保障措施协定》等。

2. 附件 2

附件 2 是关于管理争端解决的规则与程序的谅解书。

3. 附件3

附件3为贸易政策审议机制。

附件1、附件2、附件3统称为"多边贸易协定",约束WTO所有成员。

4. 附件4

附件4包括"诸边贸易协定"(plurilateral trade agreement),这些协定仅对接受它们的成员方有效。附件4的诸边贸易协定包括《政府采购协定》《民用航空器协定》《国际奶制品协定》和《国际牛肉协定》,其中《国际奶制品协定》和《国际牛肉协定》已于1997年12月31日终止。

三、WTO的宗旨与职能

(一) WTO的宗旨

1994年4月15日,在马拉喀什部长级会议上建立的世界贸易组织(WTO),是一个独立于联合国的永久性国际组织。正如WTO协定前言所指出的,WTO的基本宗旨是通过建立一个开放、健全和持久的多边贸易体制,提高生活水平,保证充分就业和有效需求的大幅度稳定增长,以及扩大货物和服务的生产与贸易;按照可持续发展的目标,考虑对世界资源的最佳利用,保护环境并提高和完善环境保护的手段;积极努力,确保发展中国家,特别是其中的最不发达国家,在国际贸易增长中获得与其经济发展需要相当的份额。同GATT相比,WTO的基本宗旨增加了发展服务贸易的目标,提出了可持续发展和环境保护的概念。并且针对不同国家的发展水平提出了应当特别注意发展中国家的贸易和发展问题。

(二) WTO的职能

WTO协定第3条提出了WTO的五个职能。

1. 执行协定

这是WTO职能中范围最广的一个,目的是便利本协定和多边贸易协定的实施、管理和运作，并促进其目标实现，同时为诸边贸易协定提供实施、管理和运作的体制。多边贸易协定和诸边贸易协定之间的区别在于：多边贸易协定是所有成员的承诺，而诸边贸易协定虽在世界贸易组织范围之内，却不会获得同样程度的支持。

2. 提供谈判场所

WTO 的第二个职能是提供谈判场所。谈判分为两个类别，第一类是成员间就多边贸易关系进行的谈判，即就 GATT 和乌拉圭回合涵盖的内容进行的谈判；第二类是诸边贸易协定的进一步谈判，该类谈判由 WTO 部长级会议决定。对第一类谈判，WTO 有义务为谈判提供特定的论坛。对第二类谈判，WTO 只提供非特定论坛，并提供实施此类谈判结果的体制。

3. 争端解决

WTO 的第三个功能是管理附件 2，《关于争端解决规则与程序的谅解》的安排。这些安排是为解决成员方之间可能出现的争端而制订的。

4. 政策审议

WTO 的第四个功能是管理附件 3，《政策贸易审议机制》的安排。这些安排是为对 WTO 成员方的贸易政策进行审查制订的。

5. 国际合作

WTO 的最后一个功能是通过合适的途径同国际货币基金组织及世界银行进行合作，以"实现全球经济决策的更大一致性"。

四、WTO 的基本原则

WTO 的基本原则构成 WTO 体系的核心，包括非歧视、互利互惠、市场准入和公平竞争原则。

（一）非歧视原则

非歧视原则包括两个方面，即最惠国待遇原则和国民待遇原则。

1. 最惠国待遇原则

"最惠国待遇是指，WTO 任一成员方在货物、服务贸易和知识产权领域给予任何其他国家（无论是否世贸组织成员）的优惠待遇，应立即和无条件地给予其他各成员方。"❶ 因此，即使关税减让的谈判是在两国间进行，谈判减让的商品以谈判两国为主要贸易对象，一旦一国对另一国承诺减让，则承诺方必须将同样的承诺无条件地给予所有其他 WTO 成员，虽然其他成员并没有参与该商品的关税减让谈判。

2. 国民待遇原则

"国民待遇原则是指，对其他成员方的产品、服务或服务提供者及知识产权所有者和持有者提供的待遇，不低于本国相同产品、服务或服务提供者及知识产权所有者和持有人享有的待遇。"❷根据国民待遇原则，WTO 成员的国内税、费、法律、法规和规定，不得以为国内生产提供保护的目的，对进口产品或国内产品适用；进口商品进入一成员境内后，在该成员境内享受的有关法律、法规和规定的待遇，不得低于同类相似国内产品所享受的待遇。

（二）互利互惠原则

互利互惠原则是 WTO 各成员在多边贸易谈判中的基本原则。这个原则在经济层面上的重要性体现在两个方面。一方面，在贸易谈判中，互利互惠原则保证 WTO 成员权利和义务的对等，扫除或尽量减少最惠国待遇所造成的"搭便车"现象，同时成为各方在谈判中讨价还价的武器。另一方面，在一方要求加入 WTO 的谈判中，由于新成员可以享受所有从前各成员谈判达成的市场准入条件，互利互惠原则要求新成员在加入 WTO 时，作出相应的让步。这使任何加入 WTO 的过程成为一个与所有 WTO 成员谈判的过程。

（三）贸易自由化原则

贸易自由化原则是 WTO 的基本原则之一，适用于 WTO 的各个领域。贸易自由化原则是指通过多边贸易谈判，实质性削减关税和减少其他非关税壁垒，扩大成员方之间的货物和服务贸易，以促进贸易自由化。

---

❶ 曹建明，贺小勇. 世界贸易组织 [M]. 北京：法律出版社，2004 (2)：60.
❷ 曹建明，贺小勇. 世界贸易组织 [M]. 北京：法律出版社，2004 (2)：60.

1. 关税减让

关税减让是指通过多边贸易谈判，以互惠互利原则为基础，减让关税，大幅度降低关税和进出口其他费用水平，并且削减后的关税应得到约束，旨在降低成员方进出口关税的总体水平，尤其是降低阻碍商品进口的高关税，以促进贸易自由化。

2. 只允许关税保护

只允许关税保护又称为一般禁止数量限制，是指在成员方实行规则允许的贸易保护措施时，一般情况下禁止实行数量限制，而只允许实行关税手段，旨在促进贸易的自由化。数量限制措施是指限制进口数量的措施，是非关税壁垒中最常见的形式，其表现形式多种多样，如配额措施、进口许可证措施、自动出口约束等。

3. 减少非关税贸易壁垒

非关税贸易壁垒是指一个国家采取的除关税以外的各种贸易保护措施，主要有进出口许可证、进口配额、外汇管制、进出口国家垄断、动植物卫生检验标准、安全标准、质量标准、严格的包装要求、进出口商品的国内销售限制等。

(四) 公平竞争原则

WTO 所指的公平竞争是指竞争的条件公平。WTO 的公平竞争原则反映在《反倾销协定》《补贴与反补贴措施协定》等条约中。

五、WTO 的组织结构

根据 WTO 协定，WTO 建立了相应的组织机构。这些组织机构的设置和运作，对于 WTO 宗旨的实现和充分、有效地履行 WTO 的职能，具有非常重要的意义。WTO 的机构主要有：部长级会议、总理事会、委员会、总干事和秘书处等。

(一) 部长级会议

部长级会议是 WTO 的最高决策机构。根据 WTO 协定第 4 条的规定，WTO 部长级会议应当包括所有成员代表，每两年召开一次会议。

部长级会议全权履行 WTO 的职能,并可以为此采取任何必要的行动。从某种意义上讲,WTO 部长级会议就是 WTO 的立法机构。WTO 部长级会议可通过谈判创立、修改 WTO 项下的各种法律规则,可对任何多边贸易协定涉及的任何问题作出决定。

(二) 总理事会

总理事会是 WTO 的常设机构和执行机关,成员包括所有成员代表。总理事会在适当的时候召开会议,通常每年召开 6 次左右,会议代表绝大多数是各成员驻日内瓦永久性代表团的人员。

总理事会负责 WTO 的日常事务,在两次部长级会议期间,执行部长级会议的各项职能,监督和指导 WTO 所有方面的工作,并处理 WTO 的重要紧急事务。总理事会还有两项特定任务,即召集争端解决机构和贸易政策评审机构会议。这两个机构分别负责 WTO 的争端解决和贸易政策审议,为此而召开的会议比其他机构要多。

WTO 协定要求建立专门的贸易政策审议机构,负责对各成员的贸易政策进行审议。它并非 WTO 的单独机构,人员为总理事会的人员。当总理事会行使贸易政策审议职能时,实际上就在行使贸易政策审议机构的功能。该委员会可设立自己的委员会主席,并制定履行职责所需的程序规则。所有 WTO 成员的贸易政策和政策实施都要接受该委员会的定期审查。

(三) 总理事会的分支机构

为了充分而有效地履行职责,总理事会下设三类分支机构:

第一类分支机构负责 WTO 的主要部分的运作,分为三个理事会,监督所有成员方在货物贸易、服务贸易和与贸易有关的知识产权方面的有关承诺。

第二类分支机构为负责处理 WTO 一些跨部门的有关功能的委员会,如贸易与发展委员会、区域贸易协议委员会。

第三类分支机构为诸边贸易协定下建立的有关机构,这些机构只对签署诸边贸易协定的成员有约束力,如民用航空器委员会和政府采购委员会。

(四) 行政机构和财政

WTO 协定第 6 条规定在 WTO 设立永久性的工作组织,这个组织为总干事领导下的秘书处。总干事由部长级会议任命,总干事根据部长级会议有关决定任命工作人员,并制定工作人员的职责和服务范围。总干事和秘书处的工作人员都以传统的国际公务人员身份开展工作,不服从除 WTO 之外的任何政府或任何其他机构的命令。

WTO 协定第 7 条规定了一个三级年度预算程序:总干事向预算、财政和管理委员会提交 WTO 的年度预算报告,委员会向总理事会就此预算提出建议,年度财务预算最终由总理事会批准。在财政规章制度中,最重要的部分是 WTO 成员方的会费。WTO 成员方按份额分担 WTO 的财务预算,基本原则是每一成员方按自己的进出口贸易量在 WTO 总贸易量中所占比例分担 WTO 的财务预算。

WTO 协定第 8 条赋予 WTO 法人资格,要求 WTO 成员给予 WTO 及其工作人员履行职责所必需的特权和豁免。这些特权和豁免与联合国大会规定的给予其工作人员的特权和豁免相似。

六、WTO 的决策机制

决策机制是指对组织内有关事项作出决策时所应遵循的程序性规则。决策程序非常重要,因为它涉及各成员方的权利义务,影响到每个成员方的经济利益和政治利益。归纳起来,WTO 协定规定的决策机制包括五个方面的内容:对一般事项的决定、条款的解释、义务的豁免、协定的修改和新协定的谈判。

(一) 一般事项的决定

部长级会议及总理事会会议决定的一般事项遵循协商一致原则。WTO 创立了一套新的决策模式——"反向一致"模式,即"若无反对意见即表示赞同"。只要出席会议的成员中没有对决议的通过表示正式的反对,就认为有关决议已经协商一致通过。没有出席会议或虽然出席会议但保持沉默、或弃权、或发言只属于一般性评论的，都不构成正式的反对意见。如果一项决议无法协商一致，则投票决定。投票权为一方一票，以简单多数表决通过，另有规定的除外。

（二）条文解释

WTO 协定及 WTO 多边贸易协定所有有关协定条款及文件内容的解释，由部长级会议及总理事会作出。附件一的解释由相关理事会提出解释意见后，经全体 WTO 成员方 2/3 多数票决定。

（三）义务豁免

部长级会议可以豁免基于 WTO 协定及附件一多边贸易协定的义务。在不能达成协商一致时，这些义务的豁免需经 WTO 3/4 的成员同意。

（四）协定修正

WTO 任一成员或理事会，可以向部长级会议提出对 WTO 协定及附件一《多边贸易协定》的修改。如部长级会议不能就修正意见达成一致，则需经 2/3 的全体 WTO 成员同意方可将修正议案提交成员供接受。

通常，在修改内容不影响任何成员权利和义务的情况下，修改内容经全体 WTO 成员的 2/3 同意即对全体成员生效。如果修改内容影响了某个或某些成员的权利义务，修改内容只对接受修改的成员生效。在这种情况下，由 3/4 以上成员决议，可以同意不接受修正内容的成员退出 WTO，或经部长级会议批准同意这些成员不接受修正的内容。

（五）新协定谈判

应协定成员的要求，部长级会议可以决定将这些协定成员达成的某一新协定列入附件四作为诸边贸易协定的内容。但是，有关决定必须经协商一致作出。同样，应某一诸边贸易协定成员的请求，部长级会议也可决定将某一协定从附件四中删除。

七、WTO 的贸易政策审议

一国政府签署一个国际条约，意味着该国政府对遵守和执行本协议内容的承诺，并应因此遵照条约调整国内法中与之冲突的有关内容。但实际上，签署国往往忽视对义务的遵守和执行，或在执行中按本国意愿解释条约内容。更有甚者，有的签约国政府根本就无意遵守签署的条约。

贸易政策审议机制旨在对两种活动进行经常性的宏观评估：(1) WTO各成员贸易政策和贸易实践；(2) 这些政策和实践对多边贸易体制的运作所产生的影响。评估的目的是为了帮助成员更好地遵守WTO的有关规定和承诺义务。所有WTO成员都必须接受贸易政策审议机构对其贸易政策的审议。对各成员的审议频率，取决于该成员在多边贸易体系中贸易额的大小。

贸易政策审议机制审议的重点是被审查方的贸易政策，但在审议时会对该成员的经济和发展需要、政策和目标，以及外部环境进行广泛的考察。因此，对某一成员贸易政策进行审议的过程，有助于其他成员与该成员就其在贸易中造成的问题达成谅解，有助于该成员向其他成员解释其贸易政策与经济增长和发展的联系；也有助于其他成员及早了解与该成员进行贸易可能遇到的问题。贸易政策审议的结果不具有法律约束力。

贸易政策审议机制鼓励各成员在国内贸易政策决策上增加透明度。原则上，增加制定贸易政策的透明度能将贸易保护减少到最低程度，进而促进各成员的经济发展，保障多边贸易体制的正常运作。

第二节 《农业协议》

一、《农业协议》概述

在国际贸易中，农产品贸易是极为敏感、极其复杂的问题，它涉及一国的粮食安全战略、政治力量对比、地理环境与气候、生产结构、就业、出口国与进口国的利益等诸多方面的问题。因此，世界各国或是为了促进经济发展，或是为了保护国内农业，或是为了改善国际收支，或是为了全球战略等经济和政治目标，都在实施名目繁多的农业政策及其措施。西方发达国家在农产品领域内历来实行贸易保护主义政策。这是因为，发达国家控制着世界65%左右的农产品贸易。特别是第二次世界大战以后，发达国家普遍认识到农业是一国的基础产业部门，农产品生产的特殊性决定了其供应的不稳定性，农产品需求价格的敏感性和农民利益在国家政治地位中的重要性决定了国家愿意为其提供干预和保护，以保证本国的食品需求、农民收入提高和社会稳定，并带动本国为农业服务的机械工业和化学工业的发展。因此，发达国家通过对本国农业的支持政策，人为地把国内农产品价格固定在国际市场价格之上，同时设置贸易壁垒使国外廉价农产品难以进入本国市场。因此，一般而言，发达国家对农业的保护远远超过对制造业的保护。西欧国家和日本的国内食品价格通常是国际市场价格的两倍。在许多发达国家，农业政策的目的是通过收入再分配来支持农业。这种农业政策决定了农产品贸易和生产的世界格局，因而也是造成农产品贸易扭曲的根源。

由于各国对农业的超常保护，认为农产品与工业品在贸易上不能够互相替代，也不存在与工业品贸易一样的互惠对等，因此在以工业制成品贸易为主的GATT范围内，农产品贸易实际上一直被排除在外。农产品同纺织品和航空器产品一样享有一些背离GATT基本规则的特殊安排。这个局面一直到签订《农业协议》之后才被打破。

乌拉圭回合《农业协议》的签署是农业贸易体制改革进程的一个历史性的转折点，将农业纳入了WTO主航道。《农业协议》从1995年1月1日开始生效。

《农业协议》的内容广泛而又复杂，包括序言、正文和附录三大部分。序言主要阐述了谈判目的、农业贸易体制改革目标、约束性承诺涉及领域，以及给予发展中国家特殊和差别待遇的承诺等问题。正文多达13个部分21条。附录是《农业协议》重要的组成部分，其涵盖部分正文条款的详细解释，是各国制定政策的主要依据之一。

《农业协议》中所指农产品与通常所用的农、林、牧、副、渔大农业的涵盖范围有些差异。《农业协议》所适用的产品不包括鱼及鱼制品、甘露糖醇、山梨醇、精油、蛋白类物质、改性淀粉、胶、整理剂、生皮、生皮毛、生丝和废丝、羊毛和动物毛、原棉、废棉和已梳棉、生亚麻、生大麻等农产品。

二、农产品市场准入

市场准入是指本国市场对外国商品或服务的开放程度。为了保护本国的农业免遭大量外国进口农产品的冲击,世界各国几乎都采取了不同程度的保护措施。一是关税措施,即根据需要提高进口关税以限制外国商品进入本国市场的数量。二是非关税措施,又可分为直接的和间接的两大类。直接的非关税措施也称直接的数量限制,是由进口国直接对进口商品的数量或金额加以限制,或迫使出口国直接限制商品的出口,这类措施有进口配额制、许可证制、自动出口限制等。间接的非关税措施是对进口商品制定严格的条例或规定,间接地限制商品进口,如进口押金制、最低进口限价、苛刻复杂的技术标准等。

乌拉圭回合谈判对关税壁垒和非关税壁垒采用了完全不同的态度,对于前者是进行约束和减让,而对于后者特别是数量限制则是一般性地禁止。

(一) 非关税措施关税化

1. 非关税措施的关税化的含义

非关税措施的关税化,是指把各种非关税措施转化为等值的关税措施。虽然关税措施和非关税措施都旨在进行贸易保护,关税化并不能从根本上改变贸易保护的程度,但是与非关税措施相比,关税措施要透明和规范得多,从而为降低贸易壁垒、实现自由贸易提供了一个很好的基础。

乌拉圭回合谈判在农产品市场准入谈判方面最显著的成果之一,就是将所有的贸易保护措施关税化。WTO《农业协定》要求把关税作为限制农产品进口的唯一手段,规定各成员方不得在协议生效后保留、使用和重新使用非关税措施,原使用的非关税措施必须转换成关税等值,进行关税化,以对农产品贸易实行单一关税管理。

2. 非关税措施的关税化的主要步骤

(1) 将现行的非关税措施转化为相应的关税等值

《农业协议》区别农产品和农产品加工品的非关税措施,分别规定了其关税等值的计算方法。某种农产品使用的非关税措施的关税等值等于该产品的国内市场平均价格减去该产品或相近产品的国际市场平均价格;某种农产品加工品的关税等值一般等于农产品原料的关税等值乘以农产品原料占农产品加工品的比重。

(2) 利用关税等值确定产品的从量税或从价税,从而建立起相应的关税

必要时可采用适当的系数调整最初计算出的关税等值,以考虑质量和品种的差异。如果计算出的关税等值低于现行的约束关税或为负值,可以以现行的约束税率或成员方开出的税率作为该产品的关税。

(二) 关税减让

1. 关税减让的含义

关税减让是指根据WTO《农业协定》和相关减让表的规定,各成员方承诺在实施期限内将各自的全部农产品关税(包括关税化过程中新产生的关税)削减到一定的水平。

2. 关税减让承诺

《农业协定》规定各成员方从1995年开始,分年度执行减让承诺:

(1) 平均税率削减

发达成员按简单算术平均计算的税率削减36%,而发展中成员则削减24%。

(2) 单项税率削减

每项产品的关税税率至少削减15%(其中,发达国家至少削减24%,发展中国家削减10%)。

（3）约束所有关税（包括关税化的关税）

各缔约方的任何一项农产品进口执行关税均不得超出其所承诺的减让水平。若有关关税税率已经是约束税率，则将其视为现行约束税率；否则，将1986年9月1日实施的关税税率视为约束税率。

在乌拉圭回合谈判之前，只有1/3农产品关税税目是约束关税，而乌拉圭回合谈判之后，几乎所有的农产品关税税目都受到了约束，再也不能随意提高。

(三) 最低市场准入

1. 适用最低市场准入的原因

一是一些国家和地区在实施非关税措施关税化方面存在困难，协议规定一些进口国可以规定最低市场准入机会作为替代措施，以扩大农产品的进口量，促进农产品的贸易自由化。二是由于主要发达成员长期以来对某些农产品保持着程度极高的贸易保护，即便是在关税化后进行了关税减让，其关税税率也仍然很高。为了解决这一问题，协议规定这些国家有义务每年以相对较低的关税水平进口一定数量的农产品，以保证最低限度的市场准入机会。

2. 最低市场准入的条件

对于必须进行关税化的农产品，当基期（即1986—1988年）的进口不足国内消费量的5%（发展中国家为3%）时，则该国应承诺建立最低进口准入机会。

当出现与协议规定的最低准入条件相反的情况时，即一国的某种农产品（须进行关税化的产品）在基期（1986—1988年）的进口超过其国内消费量的5%（发展中国家为3%）时，协议要求该国维持基期已经存在的市场准入机会。

3. 关税配额管理

最低市场准入的实施通过关税配额来进行，也就是为确保最低市场准入量的农产品能进入本国市场，各方应保证所承诺的最低准入进口数量能享受较低的或最低的关税，但对超过该进口量的任何进口则可征收关税化后的高关税。

三、农产品国内支持

国内支持是各成员方对农产品实施的价格支持、直接支持以及其他补贴形式的国内保护措施。国内支持承诺是指各成员方对给予国内农产品生产者的上述各种支持措施实施削减的承诺。国内支持的含义非常广泛,所有以农业和农民为扶持资助对象的政府支出,都可以称为国内支持措施,包括对农产品的价格支持、对农业投入的补贴、对农民的直接补贴,乃至政府用于农业科研推广培训、基础设施建设、扶贫、生态环境建设等方面的支出等。

在"乌拉圭回合"多边贸易谈判中,各主要参与谈判方都同意对国内支持措施进行限制和削减。但是,WTO《农业协定》并不一味地反对各国政府对农业采取国内支持措施,而是主张采用那些对农产品生产与贸易扭曲作用最小的措施。

(一)"黄箱"政策措施

所谓"黄箱"政策措施,是指那些对生产和贸易产生扭曲作用,协议要求成员方对其必须进行削减的政策措施。

1. "黄箱"政策措施的范围

《农业协定》附件3中界定了"黄箱"政策措施所包括的范围,它一般涉及对特定产品的支持措施,主要包括:① 价格支持;② 营销贷款;③ 按产品种植面积补贴;④ 牲畜数量补贴;⑤ 种子、肥料、灌溉等投入补贴;⑥ 对贷款的补贴等。

根据《农业协定》和其他有关文件,发达成员方承诺在协议实施期六年内(1995—2000年)以每年相同的比例将国内支持削减20%;发展中成员承诺在协议实施期10年内(1995—2004年)以每年相同的比例将国内支持削减13.3%;最不发达成员则免于削减。

2. 综合支持量

"黄箱"政策措施可以用"综合支持量"来计算其货币价值,并以此为尺度，逐步予以削减。但是，如果发达成员方任何一年的特定产品或非特定产品的国内支持不超过该产品产值或农业总产值的5%，发展中成员不超过10%，可免于减让承诺，不计入综合支持量。

综合支持量是衡量提供给某特定农产品或非特定农产品的年度支持总量的技术指标，指的是给基本农产品生产者生产某种特定农产品提供的，或者给全体农业生产者生产非特定农产品提供的年度支持措施的货币价值。它是所有有利于农业生产者的国内支持措施的货币价值和支持等量的总和，包括所有特定农产品的综合支持量、所有非特定农产品的综合支持量及所有特定农产品的支持等值。

（1）总综合支持量

所有有利于农业生产者的国内支持措施的货币价值和支持等量合计为总综合支持量。《农业协定》规定，国内支持要以总综合支持量为基础进行削减。总综合支持量是所有有利于农业生产者的国内支持措施的货币价值和支持等量的总和，它包括所有特定农产品的综合支持量、所有非特定农产品的综合支持量及所有特定农产品的支持等值。

（2）特定农产品综合支持量

根据《农业协定》的规定，特定农产品综合支持量的计算包括政府通过市场价格支持、非免除的直接支付等手段向具体农产品提供的货币支持。

（3）非特定农产品综合支持量

对于没有或不能包含在特定农产品综合支持量中的支持措施，则应计算其非特定农产品综合支持量。通过累计投入补贴、信贷，以及其他财政上的投入等所有非免除特定农产品的支持措施价值，计算出非特定农产品综合支持量。

（4）特定农产品支持等量

对所有特定农产品，在存在市场价格支持而计算其综合支持量不可行的情况下，根据《农业协定》的规定，应计算其支持等量。其具体计算公式：特定农产品支持等量 = 政府支持价 × 有资格获得政府支持价格的生产量。

3. 微量允许

微量允许是国内支持削减的一种例外，又称微量支持标准，是指各成员方实施的数量较少的国内支持，可以免于协议要求的削减。《农业协定》第 6 条第 4 款规定，在计算某一特定农产品现行综合支持量时，其他情况下本应包括在成员方现行综合支持总量计算中的国内支持，如果计算结果不到该产品生产总值的 5%（发展中成员为 10%），则不必计入综合支持总量中，该特定农产品可免除减让。或者，在计算非特定农产品的现行综合支持总量时，如果计算结果不足全部农业生产总值的 5%（发展中成员为 10%），也不必计入综合支持总量中，该非特定农产品也可免除减让。

（二）"蓝箱"政策措施

"蓝箱"政策措施是指在限产计划下给予的直接支付，可以免于减让且无上限约束。

按《农业协定》第 6 条第 5 款的规定，它必须满足下列条件之一：① 是按固定面积或产量提供的补贴；② 享受补贴的产品数量不超过基期（1986—1988 年）平均生产水平的 85%；③ 按固定的牲畜头数所提供的补贴。

"蓝箱"政策措施是在乌拉圭回合谈判中，为了满足欧盟和美国的要求，尽早结束乌拉圭回合谈判而制定的。欧盟在"共同农业政策"改革中将其 1995 年补偿支付纳入"蓝箱"政策措施免予减让，而美国则将其 1995 年差价支付纳入"蓝箱"政策措施免予减让。

（三）"绿箱"政策措施

"绿箱"政策措施是指成员方政府通过服务计划提供的，没有或仅有最微小的贸易和生产扭曲作用，费用由纳税人负担而不是从消费者转移而来的支持措施，以及不具有给生产者提供价格支持作用的补贴措施。

1. 政府的一般服务

政府通过一些机构向农业或农村社区提供有关服务时所作的财政

支出或税收减免,但这种支出或税收减免只限于为提供这些服务所花的费用,不得涉及对生产者或加工者的直接支付。包括但不限于:① 研究;② 病虫害控制;③ 培训服务;④ 推广和咨询服务;⑤ 检验服务;⑥ 营销和促销服务;⑦ 基础设施服务。

2. 用于粮食安全供给目的的公共储备

包括政府为了食物安全的目标进行食物储备的支出或者税收减免,也包括为此目的向私营储备提供的政府资助。

3. 国内粮食援助

此类援助应以直接向有关人员提供粮食,或者提供可使合格的受援者以市场价格或补贴价格购买粮食的方法的形式进行,包括政府为了提供国内食物援助所做的财政支出或税收减免。

4. 对生产者的直接支付

有些对生产者的直接支付(包括以实物方式的支付或者税收减免)是可以免除削减承诺的,条件是要满足《农业协定》附件2第1款的两大基本标准,同时还要满足以下所列第5~12类的特定标准。换言之,第5~12类均属于可以免除削减承诺的各种直接支付(即直接补贴)的类型。

5. 不挂钩收入支持

典型的价格支持政策下,生产者所获得的政府补贴量的多少是与其产量成正比的,生产得越多,实际所享受到的补贴也就越多;国内外价格差越大,补贴的程度就越大,从而使补贴与产量和价格之间形成了一种"挂钩"关系。反之,所谓"不挂钩",是指成员方政府所提供的支持不得与生产或销售有关联,即该类支持不得产生增加生产或销售的效果。农民是否进行生产及如何生产,必须通过市场机制加以确定。

6. 收入保险和收入安全网络计划中的政府补贴

获得此类支持的资格应由收入损失确定,仅考虑来自农业的收入,此类收入损失应超过前三年期或通过去掉前五年期最高和最低年收入确定的三年平均毛收入或等量净收入的30%。符合此条件的任何生产者均应有资格获得此种支持。此类支持的数额不应超过生产者在其有资格获得此种援助的当年收入损失的70%。

7. 自然灾害救济支付

包括政府直接补贴或者通过作物保险补贴。只有在政府主管机关正式认可已发生或正在发生自然灾害或同类灾害（包括疾病暴发、虫害、核事故，以及在有关成员领土内发生战争）后，方可产生获得此类支持的资格。灾害发生后提供的支付仅适用于因所涉自然灾害造成的收入、牲畜、土地或其他生产要素的损失。

8. 通过生产者退休计划提供的结构调整援助

补贴对象是从事商品农产品生产的人，鼓励其退休或者转入非农业生产活动。接受此项资助的人应当完全并且永久性地退出商品农产品生产。

9. 通过资源停用计划提供的结构调整援助

主要是指休耕补贴和减少牲畜数量的补贴，即从适销农产品生产中退出土地或包括牲畜在内的其他资源，以提高农业集约化程度和生产效率。

10. 通过投资援助提供的结构调整支持

该项目旨在协助生产者因客观存在的结构性缺陷而进行的经营、财务或有形结构上的调整。

11. 环境保护计划下的支付

应当按照明确的政府环境保护计划进行，并以完成环境保护目标为条件，包括为保护环境采取特定的生产方法或者控制特定生产要素的使用。

12. 地区援助计划下的支付

获得此类支付的资格应限于条件贫困地区的生产者。每一此类地区必须是一个明确指定的毗连地理区域，拥有可确定的经济和行政特性，根据法律或法规明确规定的中性和客观标准被视为贫困地区，此种特性表明该地区的困难并非是由于暂时的情况造成的。

（四）特殊和差别待遇

WTO承认在履行《农业协定》义务时，各成员方之间的能力差异较大，因此降低了对发展中成员的纪律约束要求，并给予发展中成员更为灵活的特殊待遇，为发展中成员提供了较大的余地。

1. 在计算发展中成员的现行综合支持量时，只要其特定农产品综合支持量不超过该年度其基本农产品总产值的10%，或非特定农产品综合支持量不超过该年度农业总产值的10%（相比较而言，发达成员是5%），就可以不计入总综合支持量，可以免予减让。

2. 在农业国内支持削减承诺上，发展中成员只需要削减13.3%的综合支持量，且实施期限延长到10年，而发达成员则需要削减20%，实施期限为六年。

3. 发展中成员的某些"黄箱"政策措施，可以列入免除削减义务的"蓝箱"政策措施范围。包括发展中成员农业可普遍获得的一般投资补贴、发展中成员低收入或资源贫乏生产者可普遍获得的农业投入补贴，以及发展中成员为鼓励以生产多样化为途径停止种植非法麻醉作物而给予生产者的国内支持等。

四、农产品出口补贴

出口补贴是政府或同业公会对某种出口商品给予出口商以现金补贴或财政上的优惠，以便降低成本和价格，加强其在国际市场上的竞争力。根据WTO《农业协定》第1条，协议中所称的出口补贴是指依据农产品出口实绩提供的补贴。出口补贴与国内支持措施都是可以造成对国际农产品贸易扭曲效果的政府行为。但二者也有显而易见的区别，两者针对的对象和对国际贸易的影响不同。

（一）削减范围

1. 政府或其代理机构视实绩向企业、行业、农产品生产者、农产品生产者的合作社或其他协会或销售局提供的直接补贴，包括实物支付。

2. 政府或其代理机构为出口而销售或处理非商业性农产品库存，价格低于对国内市场中同类产品购买者收取的可比价格。

3. 通过政府行动融资而对出口作出的支付，包括从生产者征税所得中融资的支付。

4. 为了减少出口农产品的营销成本而提供的补贴，包括处理、升级和其他加工成本，以及国际运输成本和运费。

5. 出口货物的国内运费征收标准比国内货物收费标准更优惠。

6. 视出口产品所含农产品的情况而对该农产品提供的补贴。

（二）减让方式

根据《农业协议》的规定，出口补贴减让采取以具体产品为基础的数量减让及价值减让两种方式。

1. 数量减让

以 1986—1990 年的减让基期平均水平为基础，发达成员在 1995—2000 年的六年中，必须将有补贴的农产品出口数量削减 21%，其中执行期第一年必须首次削减 3.5%，以后每年等量削减；发展中成员在 1995—2004 年的 10 年中，必须将有补贴的农产品出口数量削减 14%。

2. 价值减让

以 1986—1990 年减让基期的平均水平为基础，发达成员在 1995—2000 年的六年内，必须将出口补贴预算开支削减 36%，执行期第一年必须首次削减 6%，以后每年等量削减；发展中成员在 1995—2004 年的 10 年中，必须将出口补贴预算开支减少 24%。

（三）对发展中成员的特殊和差别待遇

1. 对有补贴农产品的出口数量，发展中成员只需削减 1986—1990 年平均水平的 14%（发达成员为 21%）。

2. 对出口补贴的支出金额，只需削减 1986—1990 年平均水平的 24%（发达成员为 36%）。

3. 允许发展中成员实施市场营销与国内运输方面的补贴措施，但这些补贴不得以规避出口削减义务的方式实施。

4. 发展中成员削减出口补贴的实施期限为 10 年（发达成员为六年）。

5. 出口禁止和限制的纪律不适用于发展中成员，除非它是特定食品的净出口国。

6. 所有最不发达成员都不要求承担任何减让义务。

第三节　《实施卫生与动植物检疫措施协定》（SPS 协定）

一、SPS 协定概述

在乌拉圭回合谈判中，卫生与动植物检疫措施谈判一直与农产品谈判联系在一起。许多谈判方担心，在农产品非关税措施被转化为关税后，某些谈判方可能会更多地、不合理地使用卫生与动植物检疫措施，阻碍国际贸易发展。为消除这种威胁，乌拉圭回合谈判达成了《实施卫生与动植物检疫措施协定》（SPS 协定），成为附件一的组成部分。

二、SPS 协定的宗旨

1. 允许各成员采纳或实施为保护人类、动物或植物的生命或健康所必需的措施。但这些措施在情形相同的成员之间不应构成任意或不合理的歧视，或对国际贸易构成变相的限制。

2. 以多边贸易协定来指导动植物卫生检疫措施的制定、采用和实施，从而使这些措施对贸易的消极作用降到最低程度。

3. 推动各成员使用以有关国际组织所制定的国际标准、准则和建议为基础的统一的动植物卫生检疫措施，但不要求各成员改变其合理的保护人类、动物或植物的生命或健康的水平。

4. 给予发展中成员在市场准入以及在其制定和实施国内动植物卫生检疫措施方面的帮助和特别的待遇。

三、SPS 协定的适用范围

SPS 协定适用于所有可能直接或间接影响国际贸易的动植物卫生检疫措施，这类措施应按照本协定的条款来制定和实施；对不在本协定范围之内的措施，本协定不应影响各成员在技术性贸易壁垒协议项下所享有的权利。

（一）实施动植物卫生检疫措施的目的

1. 保护成员境内的动物或植物的生命或健康免受虫害、病害、带病有机体或致病有机体的传入、定居或传播所产生的风险。

2. 保护成员境内的人类或动物的生命或健康免受食品、饮料或饲料中的添加剂、污染物、毒素或致病有机体所产生的风险。

3. 保护成员境内的人类的生命或健康免受动物、植物或动植物产品携带的病害或虫害的传入、定居或传播所产生的风险。

4. 防止或限制成员境内因虫害的传入、定居或传播所产生的其他损害。

（二）实施动植物卫生检疫措施的主体

实施动植物卫生检疫措施的主体是指国家或以国家名义依法实施检疫措施的机关。

（三）动植物卫生检疫措施的对象

动植物卫生检疫措施的对象是指进出本国国境的动植物、动植物产品、食品、添加剂、其他检疫物、转载上述货物的容器和包装物，以及来自疫区的运输工具。

（四）实施动植物卫生检疫措施的形式

1. 有关的法律、法令、规定、要求和程序，特别包括最终产品标准。

2. 加工和生产方法。

3. 检测、检验、出证和批准程序。

4. 检疫处理(包括与动物或植物运输有关或与在运输途中为维持动植物生存所需物质有关的检疫处理)。

5. 有关统计方法、抽样程序和风险评估方法的规定。

6. 与食品安全直接相关的包装和标签要求。

四、动植物卫生检疫措施的实施条件

各成员有权采取为保护人类、动物或植物的生命或健康所必需的动植物卫生检疫措施,但这类措施不应违背本协议的规定。

(一)以国际标准为依据

为尽可能广泛地协调动植物卫生检疫措施,各成员的动植物卫生检疫措施应以国际标准、准则或建议为依据。符合国际标准、准则或建议的动植物卫生检疫措施应视为是保护人类、动物或植物的生命或健康所必需的,并被认为符合本协议和1994年关贸总协定有关条款的规定。

各成员应尽可能地全面参与有关国际组织及其附属机构,以便促进这些组织制订和审议有关动植物卫生检疫措施的标准、准则和建议。

当一成员认为另一成员制订或维持的某种动植物卫生检疫措施正在限制或潜在限制其产品出口,可基于以下理由之一要求制订该措施的成员方解释采用这种动植物卫生检疫措施的理由,并应由维持该措施的成员提供解释。这些理由有:

(1)该动植物卫生检疫措施不是以有关国际标准、准则或建议为依据。

(2)或者有关的国际标准、准则或建议并不存在。

(二)以风险评估为基础

各成员应确保其动植物卫生检疫措施是依据适应环境的对于人类、动物或植物的生命或健康的风险评估,并考虑到由有关国际组织制定的风险评估技术。

1. 风险评估的定义

风险评估是指进口方成员根据可能实施的动植物卫生检疫措施来

评价虫害或病害在进口方成员境内传入、定居或传播的可能性，以及相关的潜在生物和经济后果，或评价食品、饮料或饲料中存在添加剂、污染物、毒素或致病有机体对人类或动物的健康产生的潜在不利影响。

风险评估的对象是风险，即病虫害或疫情传入传播的可能性，以及对人类、动植物产生危害的可能性。也就是说，风险评估所要评估的不是病虫害及疫情实际产生的危害结果，而是发生危害结果的可能性。这与卫生与动植物检疫措施的实施目的是相一致的，实施卫生与动植物检疫措施的目的，总的来说，是防止进口国居民和动植物受到疫情和病虫害的危害，具有防患于未然的特性。

2. 风险评估的参考因素

（1）技术因素

包括现有的科学依据；有关的工序和生产方法；有关的检验、抽样和测试方法；某些病害或虫害的流行；病虫害非疫区的存在；有关的生态和环境条件；以及检疫或其他处理方法。

（2）经济因素

包括由于虫害或病害的传入、定居或传播对生产或销售造成损失的潜在损害；在进口成员领土上控制或根除病虫害的成本；以及采用其他方法来控制风险的有关实际开支。

（三）必须有科学依据

采取动植物卫生检疫措施要以科学原理为依据，如无充分的科学依据则不再实施，但第5条第7款规定的除外。

"有充分的科学依据"是实施动植物卫生检疫措施的前提条件。在科学依据不充分的情况下，成员方只能采取临时的动植物卫生检疫措施，而且还必须符合以下条件：

1. 必须根据现有的有关信息，包括来自有关国际组织以及其他成员方实施的动植物卫生检疫措施的信息。

2. 应寻求获取必要的补充信息，以便更加客观地评估风险。

3. 合理的期限内评价动植物卫生检疫措施。但是，这些紧急措施仅仅是暂时的，在合理期限内有关部门必须对措施进行审议和评价。

（四）保护水平以适当、必需为限

各成员应确保任何动植物卫生检疫措施的实施不超过为保护人类、动物或植物的生命或健康所必需的程度。

适当的动植物卫生检疫保护水平又可称作"可接受的风险水平"，是指为保护其境内的人类、动物或植物的生命或健康，由各成员方认定的合适的保护水平。各成员在决定适当的动植物卫生检疫保护水平时，应考虑将对贸易的不利影响减少到最低程度这一目标。

在以下情形下，可认为动植物卫生检疫保护水平超过必要的限度：

1. 从技术和经济可行性方面考虑，可以采取另一种替代措施。
2. 该替代措施对国际贸易的限制相对较小。
3. 该替代措施可实现进口方认为合理的保护水平。

（五）不应构成贸易歧视

为了达到运用适当的动植物卫生检疫保护水平的概念，在防止对人类生命或健康、动物和植物的生命或健康构成风险方面取得一致性的目的，每个成员应避免在不同的情况下任意或不合理地实施其所认为适当的不同的保护水平，如果这种差异在国际贸易中产生歧视或变相限制。

如一成员有理由认为另一成员采用或维持的特定动植物卫生检疫措施正在限制或可能限制其产品进口，且该措施不是根据有关国家标准、准则或建议制定的，或不存在此类标准、准则或建议，则可请求说明此类动植物卫生检疫措施的理由，维持该措施的成员应提供此种说明。

为鼓励各成员在一定条件下接受其他成员的与自身措施等效的措施，SPS协定规定，若出口成员客观地向进口成员证明其动植物卫生检疫措施达到进口成员适当的动植物卫生检疫保护水平，则各成员应将其他成员的措施作为等效措施予以接受，即使这些措施不同于进口成员自己的措施，或不同于从事相同产品贸易的其他成员适用的措施。

应请求各成员进行磋商，以便就承认具体卫生与动植物措施的等效性问题达成双边和多边协议。

五、有关非疫区和病虫害低度流行区的规定

病虫害非疫区，是指经主管当局认定无某种虫害或病害发生的地区，这可以是一个国家的全部或部分，或几个国家的全部或部分。病虫害非疫区还可以包围、被包围或毗连某地区，在该某地区已知有某种虫害或病害发生，但采取了地区控制措施，诸如建立旨在控制或根除有关虫害或病害的保护、监督和缓冲地带。

病虫害低度流行区，是指经主管当局认定，某种虫害或病害发生水平低，并采取了有效的监督、控制或根除措施的地区，这可以是一个国家的全部或部分地区、或者是几个国家的全部或部分地区。

非疫区和病虫害低度流行区是非常重要的概念。因受地理环境、气候条件等的影响，在不同国家，或者在同一国家的不同地区，疫情和病虫害发生与否、严重与否可能大不相同。因此，在SPS协定下，只要在情形相同或相似的成员之间不构成歧视，那么针对不同卫生特点的地区是允许使用不同的检疫标准的。

SPS协定要求各成员在实施其动植物卫生检疫措施时要评估一个地区的动植物卫生特点。评估非疫区和病虫害低度流行区应考虑的因素包括：某些病害或虫害的流行程度；现有的根治或控制方案；由有关国际组织制定的适当标准或准则；地理、生态系统、流行病监测；以及动植物卫生检疫效果等。

出口成员如果声明其境内某些地区是病虫害非疫区或低度流行区时，应提供必要的证据和合理的检测途径，以便向进口成员客观地表明这些地区分别是并很可能继续分别是病虫害非疫区或低度流行区。

六、透明度的规定

SPS协定要求各成员应提供其动植物卫生检疫措施的信息。

各成员应通知所有已获通过的动植物卫生检疫法规。除紧急情况外，各成员应允许在动植物卫生检疫法规的公布和开始生效之间有合理的时间间隔，以便让出口成员，尤其是发展中成员的生产商有足够的时间调整其产品和生产方法，以适应进口成员的要求。

每个成员应确保设立一个咨询点，负责对感兴趣的成员提出的所有合理问题提供答复。

各成员应指定一个中央政府机构，在全国范围内依据 SPS 协定的规定，负责执行有关通知程序。

当国际标准、准则或建议不存在或所提议的动植物卫生检疫规定的内容与国际标准、准则或建议的内容实质上不一致，并且该动植物卫生检疫规定对其他成员的贸易可能有重大影响时，各成员应及早发布通知，以便感兴趣的成员能熟悉含有某特定规定的提案。通过秘书处通知其他成员有关规定所涉及的产品，并对所提议的规定的目的和理由作简要说明。这类通知应尽早在规定仍可以修改和采纳意见时发出。根据要求向其他成员提供所提议的规定的副本，并在可能的情况下，标明与国际标准、准则或建议有实质性偏离的部分。在无歧视的前提下，给其他成员以合理的时间作书面评论，根据要求讨论这些评论，并对这些评论和讨论结果加以考虑。

当一成员发生或出现发生紧急的健康保护问题的威胁时，该成员可在必要的情况下省略普通通报程序中所列举的步骤，但该成员必须立即通过秘书处通知其他成员特定的法规及其所涉及的产品，并简要说明该规定的目的和理由，其中包括紧急问题的性质。根据要求向其他成员提供规定副本。允许其他成员作书面评论，根据要求对这些评论进行讨论，并对这些评论和讨论结果加以考虑。

七、对发展中成员和最不发达成员的特殊规定

当发展中出口成员为达到进口成员的动植物卫生检疫要求而需要大量投资时，进口成员应考虑提供技术援助，以使发展中成员得以维

持和扩大其相关产品出口的机会。

各成员在准备和实施动植物卫生检疫措施时,应考虑到发展中成员,特别是最不发达成员的特殊需要。

鼓励和促进发展中成员积极参加有关的国际组织,并为之提供便利条件。

第四节 《技术性贸易壁垒协定》(TBT 协定)

一、TBT 协定概述

技术性贸易壁垒是指通过技术法规、技术标准及合格评定程序对贸易进行不合理的限制。技术标准化、规范化是现代经济活动的基础工作,它可以逐步提高生产效率,促进贸易的发展和充分保护消费者的财产和人身安全。

但是,技术标准被不当运用很容易对国际贸易产生不合理的限制。要求进口商品达到一定标准本无可非议,但实际情况是许多国家以苛刻的技术标准限制外国商品的进口。❶ 目前,发达国家仍然在不断升级质量检验标准,检测项目也越来越多。出于对技术法规将被作为贸易保护主义工具的担心,GATT 的 43 个缔约方在 1979 东京回合结束时签署了标准法典。但该法典最终失败了,很大程度上是由于它是"诸边协议"这一事实,只能约束签约方。❷ 乌拉圭回合协议上达成了多边 TBT 协定,技术法规、标准和合格评定程序是 TBT 协定的核心内容。

二、TBT 协定的适用范围

1. TBT 协定适用于所有产品,包括工业产品和农产品。

---

❶ 车丕照. 国际经济法概要 [M]. 北京:清华大学出版社,2003:190.
❷ Jonathan Carlone. An Added Exception to the TBT Agreement after Clove, Tuna II, and Cool. Boston College International & Comparative Law Review. Vol. 37, 2014.

2. TBT 协定不适用于政府机构为其生产或者消费需要所制订的采购规定。

3. TBT 协定不适用于列入 SPS 协定中的动植物卫生检疫措施。

SPS 协定第 1 条第 4 款规定，对不在本协定范围之内的措施，本协定不应影响各成员在 TBT 协定项下所享有的权利。同时，TBT 协定第 1 条也规定，本协定各条款不适用于列入 SPS 协定附件 A 中的动植物卫生检疫措施。即凡适用 SPS 协定的措施不适用于 TBT 协定。

4. 本协定只涉及与产品或生产工艺和生产方法有关的技术法规、标准以及合格评定程序，而不涉及服务贸易领域。

5. 本协定中的技术法规、标准和合格评定程序应理解为包括其任何修正本及对规则或产品范围的任何补充件，无实质意义的修正和补充除外。

三、技术法规

（一）技术法规的定义

技术法规，是指强制执行的规定产品特性或相应加工和生产方法的规定，包括可适用的行政管理的规定；也可以包括或专门规定用于产品、加工或生产方法的术语、符号、包装、标志或标签要求。

作为技术法规，应具备三个条件：① 适用于一个特定的产品；② 列出该产品的一个或一个以上的特征；③ 符合产品特征是强制性的要求。

技术法规包括国家制定的有关法律和法规，政府部门颁布的有关命令、决定、条例，以及有关技术规范、指南、准则、专门术语、符号、包装、标志或标签要求。成员方中央政府应采取合理措施，确保地方政府及非政府机构制定、采用与实施的技术法规符合 TBT 协定的有关规定。

（二）中央政府技术法规的拟订、采纳与实施

TBT 协定第 2 条详细规定了成员方中央政府对技术法规的拟订、采纳和实施所应遵守的纪律。

1. 非歧视原则

各成员应遵循国民待遇原则与最惠国待遇原则,即所制定的技术法规不应在外国产品之间或本国产品与外国产品之间产生歧视待遇。

2. 不应对国际贸易造成不必要的限制

(1) 拟订和采用的技术法规应有合法目标,如国家安全需要、防止欺诈行为、保护人类健康或安全、保护动植物生命健康或保护环境之需要等合法目的。

(2) 拟定和采用的技术法规应对贸易影响最小,即采取的技术措施对贸易的限制不应超过为实现合法目标所必需的限度,同时考虑由于合法目标不能实现所导致的风险。在评估风险时,应考虑的相关因素包括可获得的科学和技术信息、有关的加工技术或产品的预期最终用途。

(3) 各成员方拟订或采纳新技术法规时,如有关国际标准已经存在或国际标准即将完成,就应该采纳国际标准,除非由于基本气候或地理因素或基本技术困难,以至于国际标准不足以实现上述合法目标。

(4) 对于已有的技术法规,如其实施的情况或目标已不存在,或能以其他对贸易限制更少的技术法规达到目的,那么应该取消原有的技术法规。

3. 不采用国际标准应遵循的通告程序

如果拟订中的技术法规不存在国际标准或与有关的国际标准不同,而且拟制定的技术法规对国际贸易产生重大影响,则应遵循下列通告程序。

(1) 适当提前一段时间,在出版物上刊登拟所采用的技术法规,以便相关成员了解情况。

(2) 通过 WTO 秘书处,将拟订中的技术法规所涉及的产品范围通知其他成员。

(3) 在接到请求时应及时向有关成员提供技术法规的特定部分或副本,并尽可能指出与国际标准不符的部分。

(4) 按非歧视性原则给予其他成员一段合理时间,以便提出书面评论意见。然而，如果一成员发生危及其安全、健康、环境保护等紧急情况或遇到类似威胁时，该成员可以直接通过WTO秘书处向其他成员方通报其采纳的特定技术法规与所涉及的产品范围，而无须先出版公布其拟订的技术法规。

（5）成员方应确保立即公布已采用的技术法规，方便有关成员方获得并熟悉这些技术法规。除紧急情况外，各成员应在技术法规公布与生效之间留有一段合理的时间，以便其他成员出口生产者，特别是发展中成员的生产者有足够的时间来适应进口方的要求。

（6）成员方应按产品的性能要求，而不是按设计特征或说明性特征来阐述技术法规。

（三）地方政府机构和非政府机构制定、采用和实施的技术法规

各成员应采取其所能采取的合理措施，保证对于各自领土内的地方政府和非政府机构遵守有关对技术法规的规定。

各成员应保证对直属中央政府的地方政府的技术法规作出通知，同时注意到内容与有关成员中央政府以往通知的技术法规的技术内容实质相同的地方技术法规不需作出通知。

各成员可要求与其他成员的联系通过中央政府进行，包括通知、提供信息、提出意见和进行讨论。

各成员不得采取要求或鼓励其领土内的地方政府机构或非政府机构以与对中央政府规定不一致的方式行使的措施。

各成员对遵守所有规定负有全责。各成员应制定和实施积极的措施和机制，以支持中央政府机构以外的机构遵守规定。

四、标准

（一）标准的定义

标准是指为了通用或反复使用的目的，由公认机构批准的非强制性文件。标准规定了产品或相关加工和生产方法的规则、指南或特性。标准也可以包括或专门规定用于产品、加工或生产方法的术语、符号、

包装标志或标签要求。在 TBT 协定中,"标准"为自愿性的,"技术法规"为强制性的。

(二)标准的拟订、采纳和实施

自愿适用的技术标准通常由成员的标准化机构制定。为避免成员方之间的标准差异给国际贸易带来障碍,TBT 协定规定,各成员方应保证其中央政府标准化机构、地方政府和非政府标准化机构及区域性标准化机构遵守附件 3《关于标准的拟订、采纳和实施的良好行为守则》。该行为守则要求各成员方的各种标准化机构在拟订、采纳和实施标准时应遵循如下纪律。

1. 任何成员标准化机构所制定的标准,必须遵循国民待遇原则和最惠国待遇原则,并且不对国际贸易造成不必要的障碍或影响。

2. 如果国际标准已经存在或即将拟就,成员方标准化机构应使用这些标准或其中的相关部分作为其制定标准的基础。成员方的所有标准化机构应积极参与有关国际标准化机构的活动。

3. 各成员的标准化机构应至少每 6 个月出版一次工作计划,包括标准化机构的名称、地址、其正在拟订的标准与在此之前通过的标准。并应在有关标准化活动的国家或地区性出版物上公布工作计划的通告。

4. 在采纳某项标准之前,该标准化机构应至少提供 60 天期限,以便于其他有关成员对标准草案发表评论意见。如出现诸如危及安全、健康或环境之类的紧急情况,这一期限可以缩短。而一接到有关成员方在此期限内提出的评论性意见,则该标准化机构应尽快作出相应答复,包括其背离有关国际标准的理由。

5. 一旦标准被采纳,则应及时公布。

五、合格评定程序

(一)合格评定程序的定义

合格评定程序,是指直接或间接用来确定是否达到技术法规或标准的相关要求的任何程序，主要包括取样、测试和检查程序，评估、验证和合格保证程序，注册、认可和批准程序以及它们的综合运用程序。

(二) 合格评定程序遵循的纪律

TBT协定规定，成员方中央政府的标准化机构对其他成员方境内生产的产品进行合格评定，应遵守如下纪律。

1. 合格评定程序应遵循国民待遇原则和最惠国待遇原则，并不对国际贸易造成不必要的阻碍，即评定程序以能确定产品是否符合技术法规与标准要求之必需为限。

2. 评审程序应及时完成，并应公布每一项合格评定程序的期限，或经请求，将预计的评定期限告知申请者；应将评定结果准确、全面告知申请者，以便其进行修改；对评定程序中的行政决定应提供复审机会。

3. 各种资料的提供应限于合格评定所必需的范围，并应对具有商业秘密的材料提供与国内厂商相同待遇的保密措施。

4. 如果存在或即将形成国际标准化机构所制定的合格评定程序指南或建议，应使其作为本国合格评定程序的基础。使用国际标准主要是尽可能缩小成员方之间在技术标准认证程序方面的差异，如果因例外情况不能使用国际标准，则应作出合理的解释和通告。

5. 成员应保证业已采纳的合格评定程序及时公布，除非情况紧急，应在采纳与生效之间留下一段合理时间，以便其他有关利益方了解。

(三) 对其他成员方合格评定结果的承认

为避免就同一批贸易中的商品进行重复认证，TBT协定规定，只要有可能，成员方应保证接受其他成员合格评定程序的结果，即使这些程序不同于本国。这种承认与接受应满足下列条件。

1. 其他成员方合格评定程序能与本国一样保证产品符合有关技术法规和标准。

2. 在相互磋商同意的前提下，该出口成员方的合格评定机构的充分和持久的技术能力得到认可。

3. 限于出口方指定的评定机构所作出的评定结果。

TBT 协定规定各成员应采取一切合理措施保证地方政府机构、非政府机构与地区性评定体系所进行的合格评定程序符合上述（二）和（三）中的相关规定。

六、对发展中成员的特别规定

（一）技术援助

TBT 协定第 11 条规定，各成员经请求，应向其他成员特别是发展中成员就如下方面提供技术援助。

1. 就技术法规的制定提出建议。
2. 建立国家标准化机构和参加国际标准化机构。
3. 建立技术法规或标准合格评定机构。
4. 对生产者参与并接受合格评定所应采取的步骤。
5. 为履行国际标准化机构义务而建立组织机构和法律制度等。

（二）特殊和差别待遇

1. 各成员方在制定和实施技术法规、标准时，应适当考虑相关发展中成员的出口贸易发展需要，即不应在技术法规和标准方面以过高要求来限制发展中成员的有关产品出口。

2. 发展中成员可根据其社会经济发展的特定情况制定和实施一些有别于国际标准的技术法规、标准和评定程序。

3. 各成员应采取合理措施以方便各成员的有关标准化机构参与国际标准化机构和国际合格评定体系，特别考虑发展中成员的特殊问题。

4. 各成员应采取合理措施，在发展中成员方提出要求时，确保国际标准化机构审议对发展中成员有特殊利益的产品制定国际标准的可能性，并在可能时制订这些标准。

5. 贸易技术壁垒委员会在收到发展中成员的请求时,可在一定的时间内免除该发展中成员承担本协定的部分或全部义务。

6. 贸易技术壁垒委员会应定期对本协定所规定的有关发展中成员差别与特殊待遇进行审查。

第五节 WTO争端解决机制

一、WTO争端解决机制的法律适用

（一）WTO《关于争端解决规则与程序的谅解》的适用

WTO协定附件2《关于争端解决规则与程序的谅解》（DSU）在WTO争端解决机制中处于核心地位,它规定了WTO体制下争端解决的普遍性规则,适用于WTO协定附件1~附件4所包含的所有协定,广泛适用于多边贸易协定和诸边贸易协定。

（二）WTO各单项协议争端解决条款的适用

《实施卫生与动植物检疫措施协定》《技术性贸易壁垒协定》《反倾销协定》《补贴与反补贴措施协定》《保障措施协定》也规定了解决争端的条款。

这些单项协定中的特殊规则有别于DSU所确立的普遍性程序。当这些特殊规则与普遍性程序相冲突时,特殊程序优先适用,但这些特殊规则没有涉及的问题,仍适用DSU的普遍性规则。

当争端涉及若干协定时,如果这些协定的特别程序之间发生抵触,且争端当事方未能在专家组设立后的20天内就规则和程序达成一致,则争端解决机构的主席经与有关争端当事方协商,应在任何一方提出请求后的10天内确定应该遵循的规则和程序。主席在作出此等决定时应遵循以下原则：尽可能使用特别程序,DSU中确立的基本程序应在避免冲突之必要的情况下使用。

二、WTO 争端解决机制中的组织机构

（一）争端解决机构

根据 WTO 协定设立的常设争端解决机构（DSB），是唯一有权设立专家组，通过专家组的报告和上诉机构的裁决，监督裁决和建议的执行以及授权实施报复的机构。DSB 与 WTO 总理事会是"一套人马、两块牌子"，但 DSB 主席通常与总理事会的总干事不是同一个人，DSB 的主席采用轮值制，由发达国家和发展中国家代表每年轮流担任。

（二）专家组

应争端一方的请求，DSB 可以成立专家组（Panel）。专家组不是常设机构，只负责对某一争端进行裁决，任务完成后即解散。专家组一般由 3 名或 5 名独立的人员组成。秘书处持有一份可担任专家组成员的名单，并负责任命专家组组成人员。小组成员为各当事方的公民，但以个人身份而非作为政府代表或任何组织的代表提供服务。在发展中国家与发达国家的成员发生争议时，如提出申诉的一方是发展中国家，则该专家组中至少应包括 1 名来自发展中国家的成员。专家组在其职权范围内，在规定的时间里，对案件的各项事实及有关协议的适用范围等作出客观评价，形成专家组报告，提交 DSB 会议批准。

（三）上诉机构

根据 WTO 协定，DSB 建立常设的上诉机构（Appellate Body），由七名成员组成，由 DSB 任命，任期四年，并可被再次任命。对某一案件由其中的三名进行审议。上诉机构成员一般应是在法律、国际贸易和各有关协议主体内容方面具有专业知识的权威人士。上诉机构的主要职责是负责处理争端各方对专家组报告的上诉。但与专家组的审查范围不同，上诉机构仅负责解决专家组报告中有关的法律问题和专家组所做的法律解释。上诉机构可以维持、修改或撤销专家组的法律调查结果和结论，且上诉机构的报告一经 DSB 通过，争端各方就必须无条件接受。

(四) 秘书处和总干事

秘书处是 WTO 常设的行政事务机构,在争端解决方面负有以下责任:协助专家组的工作,就争端解决的法律、历史、程序事项向专家组提供资料、文秘及技术支持,为发展中成员提供合格的法律专家以及提供培训等。

总干事可以凭借其对事实和法律知识的熟悉和个人威望,参与争端的调解,协助争端的成功解决。

三、WTO 争端解决机制的基本程序

(一) 协商

在 WTO 争端解决机制中,协商是贸易争端解决的第一个阶段,也是必经阶段,具体做法如下。

1. 如果一缔约方认为它在某协议项下的权利由于另一缔约方的原因受到损失,应当向该缔约方提出磋商的书面请求,并向 DSB 和有关的理事会和委员会通报,说明提出请求的理由,包括争端所涉及的措施及其法律依据。

2. 任何协商请求均以书面形式提交。

3. 协商应予以保密。

4. 协商不得损害任何一方在以后的诉讼过程中的权利。

5. 协商中应特别注意发展中国家成员的特殊问题和利益。

6. 对协商所涉及的重大问题,有重大贸易利益关系的第三方成员若有意参加协商,可在该协商请求分发之日起的 10 天内,向参与协商的各争端成员和争端解决机构通告其参加协商的愿望。如果参加协商的争端成员方同意其理由,则该利益第三方成员可以参与协商。

7. 当出现下列情形之一时,申诉方可请求组成专家组。

(1) 自争端一方收到协商请求之日起 10 日内未作出答复。

(2) 自争端一方收到协商请求之日起 30 日内 (双方约定的期限内) 双方未进入协商程序。

（3）自争端一方收到协商请求之日起 60 日内通过磋商未能解决争端。

（4）若情况紧急，包括涉及易腐食品，各成员方在收到磋商请求后 20 天期限内，协商未果的。

（二）斡旋、调解与调停程序

斡旋、调解与调停程序是在争端各方同意之下采取的程序。而协商程序是必经程序，不经过协商不能进入争端解决的下一个程序。

争端的任何一方在任何时候均可请求斡旋、调解或调停，可在任何时候终止这些程序，也可决定是否接受经过这些程序所达成的结果。如果争端各方同意，斡旋、调解和调停程序在专家组程序进行时仍可继续。

（三）专家组对争议事项的审查

1. 申请设立专家组

申诉方应向 DSB 提出设立专家组的书面请求，书面请求必须阐明是否已经就争端进行了磋商，以及其申诉的法律依据。

2. 决定设立专家组

DSB 接到请求后在第一次会议上决定是否成立专家组，除非 DSB 一致反对设立专家组，否则必须在 20 天内成立专家组。

3. 专家组提交报告

专家组按照工作程序在规定的时限内，审查当事方提交的争端事项，对案件的事实、法律适用等问题作出客观评估，并向 DSB 提交书面报告，说明争端事实的调查结果，并提出建议。

报告一般应当在专家组成立后六个月内提出。但遇有紧急情况，如易腐烂食品，应在三个月内提出。在复杂争端的情况下，经 DSB 批准后可延长期限，但不得超过九个月。

4. 评审专家组报告

专家组报告除向 DSB 提交外，还应向当事各方提供。报告应在分发后 60 日内进行评审，争端各方有权全面参与对专家组报告的评审，他们的各种意见均记录在案。

5. 通过专家组报告

DSB 应当在分发后 60 日内表决是否通过专家组的报告，除非争议一方提出上诉。一旦 DSB 通过报告，则进入执行程序。

（四）上诉审议程序

1. 提出上诉

有权提出上诉的仅限于争议的当事方，而不能是任何第三方。但已经向 DSB 通报其与该争议有重大利益的第三方，可向上诉机构提出其书面意见，上诉机构也应给予他们表述意见的机会。

2. 提交报告

上诉机构作出报告不得超过 60 天，如上诉机构认为 60 天内不能提交报告，应以书面形式向 DSB 报告迟延原因，但最长不得超过 90 天。

3. 通过报告

上诉机构的报告应当在该报告提交全体缔约方后 30 日内由 DSB 通过，并由争议各方无条件地接受，除非 DSB 一致决议不通过该报告。

（五）执行程序

1. 自动执行裁决

在专家组或上诉机构报告通过后 30 天内，有关各成员方应将执行争端解决机构裁决的意愿通知争端解决机构。对已经通过的裁决应该立即执行；如不能立即执行，则应确定执行的合理期限。

2. 补偿

当一项争端案件中的败诉方不能在合理期限内执行 DSB 作出的裁决，则必须在合理期限届满前与申诉方就补偿问题进行谈判，并且应在合理期限届满后 20 天内达成双方满意的补偿方案。补偿只是一种临时性措施，补偿方案应与 WTO 有关协定相一致。

3. 贸易报复

贸易报复是指在自动执行和补偿未能奏效时，经争端解决机构授权，胜诉方中止对败诉方承担的减让义务或其他义务，以维持双方利益平衡。

由于贸易报复与 WTO 贸易自由化目标相抵触，因此贸易报复是临时性措施，而且其实施受到严格的规制。

一旦被裁定违反 WTO 有关协定的措施已经被撤销，败诉方对胜诉方所受到的利益损害提供了解决方案或者争端当事各方达成了均满意的解决方法时，贸易报复措施必须终止。

第四章　与农业高科技生物国际贸易相关的多边环境条约

第一节　生物多样性公约（CBD 公约）

一、CBD 公约概述

根据 CBD 公约，生物多样性是指，"所有来源的活生物体中的变异性，这些来源包括陆地、海洋和其他水生生态系统及其所构成的生态综合体等；这包括物种内、物种之间和生态系统的多样性"。通俗地讲，生物多样性就是指地球上所有的植物、动物和微生物等物种及其所拥有的基因，以及与环境所构成的生态系统。生物多样性面临的威胁主要包括栖息地被破坏、过度利用、环境污染、外来物种入侵和气候变化等。❶

1972 年斯德哥尔摩人类环境会议后，国际社会日益关注经济社会发展与自然生态可持续性之间关系的问题。1987 年 6 月，联合国环境与发展委员会提交了题为《我们共同的未来》的报告，该报告强调可持续发展，推动了对生物多样性锐减等几个重大环境问题采取行动。1988 年 11 月—1990 年 7 月，联合国环境规划署（UNEP）召开三次生物多样性专家特设工作组会议，1990—1991 年召开两次生物多样性法

---

❶ 吴军.《生物多样性公约》的产生背景和主要内容 [J]. 绿叶，2011（9）.

律和技术专家特设工作组会议，开始进行《生物多样性公约》文本谈判。1991年6月—1992年5月，联合国环境规划署召开五次政府间谈判委员会会议，对《生物多样性公约》的文本进行谈判。1992年5月22日，在肯尼亚内罗毕召开的商定公约文本的外交大会通过了《生物多样性公约》文本。1992年6月5日在巴西里约热内卢召开的联合国环境和发展大会上《生物多样性公约》开放签字，并于1993年12月29日正式生效。中国签订加入了该公约。

二、CBD公约的宗旨和目标

（一）CBD公约的宗旨

根据CBD公约的序言，意识到生物多样性的内在价值，和生物多样性及其组成部分的生态、遗传、社会、经济、科学、教育、文化、娱乐和美学价值，还意识到生物多样性对进化和保持生物圈的生命维持系统的重要性，确认生物多样性的保护是全人类的共同关切事项，重申各国对它自己的生物资源拥有主权权利，也重申各国有责任保护它自己的生物多样性并以可持久的方式使用它自己的生物资源，关切一些人类活动正在导致生物多样性的严重减少，意识到普遍缺乏关于生物多样性的资料和知识，亟须开发科学、技术和机构能力，从而提供基本理解，据以策划与执行适当措施，注意到预测、预防和从根源上消除导致生物多样性严重减少或丧失的原因至为重要，同时也注意到生物多样性遭受严重减少或损失的威胁时，不应以缺乏充分的科学定论为理由，而推迟采取旨在避免或尽量减轻此种威胁的措施，注意到保护生物多样性的基本要求，是就地保护生态系统和自然生境，维持恢复物种在其自然环境中有生存力的群体，并注意到移地措施，最好在原产国内实行，也可发挥重要作用；认识到许多体现传统生活方式的土著和地方社区同生物资源有着密切和传统的依存关系，应公平分享从利用与保护生物资源及持久使用其组成部分有关的传统知识、创新和做法而产生的惠益，并认识到妇女在保护和持久使用生物多样性中发挥的极其重要的作用，并确认妇女必须充分参与保护生物多样性的各级政策的制订和执行，强调为了生物多样性的保护及其组成部分的持久使用，促进国家、政府间组织和非政府部门之间的国际、区域和全球性合作的重要性和必要性，承认提供新的和额外的资金和适当取得有关的技术，可对全世界处理生物多样性丧失问题的能力产生重大影响，进一步承认有必要订立特别规定，以满足发展中国家的需要，包括提供新的和额外的资金和适当取得有关的技术，注意到最不发达国家和小岛屿国家在这方面存在的特殊情况，承认有必要大量投资以保护生物多样性，而且这些投资可望产生广泛的环境、经济和社会惠益，认识到经济与社会发展，以及根除贫困是发展中国家第一和压倒一切的优先事务，意识到保护和持久使用生物多样性对满足世界日益增加的人口的粮食、健康和其他需求至关重要，而为此目的取得和分享遗传资源和遗传技术是必不可少的，注意到保护和持久使用生物多样性最终必将增强国家间的友好关系，并有助于实现人类和平；期望加强和补充现有保护生物多样性和持久使用其组成部分的各项国际安排；并决心为今世后代的利益，保护和持久使用生物多样性，达成协议。

（二）CBD 公约的目标

CBD 公约的目标是按照公约有关条款从事保护生物多样性、持久使用其组成部分，以及公平合理分享由利用遗传资源而产生的惠益；实现手段包括遗传资源的适当取得及有关技术的适当转让，但需顾及对这些资源和技术的一切权利，以及提供适当资金。

三、保护和持久使用方面的一般措施

每一缔约国应按照其特殊情况和能力：为保护和持久使用生物多样性制定国家战略、计划或方案，或为此目的变通其现有战略、计划或方案；这些战略、计划或方案除其他外应体现本公约内载明与该缔约国有关的措施。尽可能并酌情将生物多样性的保护和持久使用纳入有关部门或跨部门计划、方案和政策内。

四、查明与监测

查明对保护和持久使用生物多样性至关重要的生物多样性组成部分，要顾及附件一所载指示性种类清单；通过抽样调查和其他技术，监测依照上项查明的生物多样性组成部分，要特别注意那些需要采取紧急保护措施，以及那些具有最大持久使用潜力的组成部分；查明对保护和持久使用生物多样性产生或可能产生重大不利影响的过程和活动种类，并通过抽样调查和其他技术，监测其影响；以各种方式维持并整理依照以上各项从事查明和监测活动所获得的数据。

五、就地保护

制定或采取办法以酌情管制、管理或控制由生物技术改变的活生物体在使用和释放时可能产生的危险，既要考虑到可能对环境产生的不利影响，从而影响到生物多样性的保护和持久使用，同时也要考虑到对人类健康的危险；防止引进、控制或消除那些威胁到生态系统、生境或物种的外来物种。

六、移地保护

每一缔约国应尽可能并酌情，为辅助就地保护措施起见，主要采取以下措施。

1. 最好在生物多样性组成部分的原产国采取措施移地保护这些组成部分。

2. 最好在遗传资源原产国建立和维持移地保护及研究植物、动物和微生物的设施。

3. 采取措施以恢复和复兴受威胁物种，并在适当情况下将这些物种重新引进其自然生境中。

4. 对于为移地保护目的在自然生境中收集生物资源实施管制和管理，以免威胁到生态系统和当地的物种群体，除非根据第 3 项措施必须采取临时性特别移地措施。

5. 进行合作，为第1—4项措施所概括的移地保护措施，以及在发展中国家建立和维持移地保护设施提供财务和其他援助。

七、影响评估和尽量减少不利影响

每一缔约国应尽可能并酌情：在互惠基础上，就其管辖或控制范围内对其他国家或国家管辖范围以外地区生物多样性可能产生严重不利影响的活动促进通报、信息交流和磋商，其办法是为此鼓励酌情订立双边、区域或多边安排。

如遇其管辖或控制下起源的危险即将或严重危及或损害其他国家管辖的地区内或国家管辖地区范围以外的生物多样性的情况，应立即将此种危险或损害通知可能受影响的国家，并采取行动预防或尽量减轻这种危险或损害。

促进作出国家紧急应变安排，以处理大自然或其他原因引起即将严重危及生物多样性的活动或事件，鼓励旨在补充这种国家努力的国际合作，并酌情在有关国家或区域经济一体化组织同意的情况下制订联合应急计划。

缔约国会议应根据所做的研究，审查生物多样性所受损害的责任和补救问题，包括恢复和赔偿，除非这种责任纯属内部事务。

八、遗传资源的取得

1. 确认各国对其自然资源拥有的主权权利，因而可否取得遗传资源的决定权属于国家政府，并依照国家法律行使。

2. 每一缔约国应致力创造条件，便利其他缔约国取得遗传资源用于无害环境的用途，不对这种取得施加违背本公约目标的限制。

3. 为本公约的目的，缔约国提供的遗传资源仅限于这种资源原产国的缔约国或按照本公约取得该资源的缔约国所提供的遗传资源。

4. 取得经批准后，应按照共同商定的条件并遵照规定进行。

5. 遗传资源的取得须经提供这种资源的缔约国事先知情同意,除非该缔约国另有决定。

6. 每一缔约国使用其他缔约国提供的遗传资源从事开发和进行科学研究时,应力求这些缔约国充分参与,并于可能时在这些缔约国境内进行。

7. 每一缔约国应酌情采取立法、行政或政策性措施,以期与提供遗传资源的缔约国公平分享研究和开发此种资源的成果,以及商业和其他方面利用此种资源所获的利益。这种分享应按照共同商定的条件。

九、生物技术的处理及其惠益的分配

1. 每一缔约国应酌情采取立法、行政和政策措施,让提供遗传资源用于生物技术研究的缔约国,特别是其中的发展中国家,切实参与此种研究活动;可行时,研究活动宜在这些缔约国中进行。

2. 每一缔约国应采取一切可行措施,以赞助和促进那些提供遗传资源的缔约国,特别是其中的发展中国家,在公平的基础上优先取得基于其提供资源的生物技术所产生成果和惠益。此种取得应按共同商定的条件进行。

3. 缔约国应考虑是否需要一项议定书,规定适当程序,特别包括事先知情协议,适用于可能对生物多样性的保护和持久使用产生不利影响的由生物技术改变的任何活生物体的安全转让、处理和使用,并考虑该议定书的形式。

4. 每一个缔约国应直接或要求其管辖下提供以上第 3 款所指生物体的任何自然人和法人,将该缔约国在处理这种生物体方面规定的使用和安全条例的任何现有资料,以及有关该生物体可能产生的不利影响的任何现有资料,提供给将要引进这些生物体的缔约国。

十、争端的解决

1. 缔约国之间在就公约的解释或适用方面发生争端时,有关的缔约国应通过谈判方式寻求解决。

2. 如果有关缔约国无法以谈判方式达成协议，它们可以联合要求第三方进行斡旋或要求第三方出面调停。

3. 在批准、接受、核准或加入本公约时或其后的任何时候，一个国家或区域经济一体化组织可书面向保管者声明，对按照以上第 1 款或第 2 款未能解决的争端，它接受下列一种或两种争端解决办法作为强制性办法。

（1）按照附件二第一部分规定的程序进行仲裁。

（2）将争端提交国际法院。

4. 如果争端各方尚未按照以上第 3 款规定接受同一或任何程序，则这项争端应按照附件二第二部分规定提交调解，除非缔约国另有协议。

5. 本条规定应适用于任何议定书，除非该议定书另有规定。

第二节　卡塔赫纳生物安全议定书（CBP 议定书）

一、CBP 议定书概述

CBD 公约第 19 条第 3 款要求缔约国考虑制定一个国际生物安全议定书的必要性，以规范管理可能对保护生物多样性和可持续利用产生不利影响的由生物技术改造的生物体的安全转让、处理和使用等问题。1995 年 11 月，在印度尼西亚召开第二次 CBD 公约缔约国大会上，经过激烈辩论，缔约国达成协议决定制定国际生物安全议定书。缔约国大会下设立了一个生物安全问题不限成员名额特设工作组。为完成议定书的拟订工作，生物安全问题不限成员名额特设工作组在 1996—1999 年召开了六次会议，但是仍有一些问题没有达成一致。

公约缔约国大会第一次特别会议于 1999 年 2 月 22 日召开，原定议题是审议通过生物安全问题不限成员名额特设工作组制定的生物安全议定书，但工作组没有完成议定书，会议首先就议定书达成一致意见。

会上形成了五个主要的谈判集团。① 迈阿密集团,包括阿根廷、澳大利亚、加拿大、智利和美国。该集团成员具有最先进的生物技术,也是高科技作物主要出口国。其目标在于确保转基因产品的自由贸易,使出口国免受知情同意程序限制,避免环境保护形式出现的贸易保护壁垒。② 意见相同的集团,包括七十七国集团和中国。该集团要求议定书的适用范围包括拟直接用作食物或饲料或用于加工的改性活生物体,议定书应考虑人类健康和社会经济因素,改性活生物体进口应提供详尽的标识和文件资料,支持采用预防原则以建立有效的责任和赔偿机制。③ 欧盟。欧盟国家始终以一个整体进行谈判,欧盟寻求制定一个严格的议定书,欧盟主张拟直接用作食物或饲料或用于加工的改性活生物体适用公约,但应为这类改性活生物体设置特殊的程序。欧盟的态度基本上介于迈阿密集团和意见相同的集团之间。④ 折中集团,包括日本、墨西哥、挪威、新加坡、韩国、瑞士和新西兰,对议定书采取折中和变通的态度。⑤ 中东欧国家集团。该集团也采取中立的态度,既支持预防原则和将拟直接用作食物或饲料或用于加工的改性活生物体纳入议定书,又注重建议的可操作性和实用性。❶ 但是,会议谋求完成一个妥协条文包的努力最终失败了。

　　为了促进关键问题的进一步解决,又召开了三次非正式会议。2000年1月24日—28日,公约缔约国大会特别会议召开,经过九天的谈判,《卡塔赫纳生物安全议定书》于2000年1月29日获得通过。CBP议定书适用于可能对人体健康和生物多样性产生不利影响的改性活生物体的越境转移、过境、装卸和使用,但不包括供人类使用药物的改性活生物体的越境转移。

二、CBP 议定书的一般规定

　　1. 每一缔约方应为履行本议定书为之规定的各项义务采取必要和

---

❶ Aaron Cosbey and Stas Burgiel. The Cartagena Protocol on Biosafety: An analysis of results, An IISD Briefing Note. Published by the International Institute for Sustainable Development. 2000.

适当的法律、行政和其他措施。

2. 各缔约方应确保在从事任何改性活生物体的研制、处理、运输、使用、转移和释放时，防止或减少其对生物多样性构成的风险，同时亦应顾及对人类健康所构成的风险。

3. 本议定书的任何规定不得以任何方式妨碍依照国际法所确立的各国对其领海所拥有的主权，以及国际法所规定的各国对其专属经济区及其大陆架所拥有的主权和管辖权，亦不得妨碍所有国家的船只和航空器依照国际法和有关国际文书所享有的航行权和航行自由。

4. 不得将本议定书中的任何条款解释为限制缔约方为确保对生物多样性的保护和可持续使用采取比本议定书所规定的更为有力的保护行动的权利，但条件是此种行动须符合本议定书的各项目标和条款并符合国际法为缔约方规定的各项其他义务。

5. 鼓励各缔约方酌情考虑到具有在人类健康风险领域内开展活动权限的各国际机构所掌握的现有专门知识、所订立的文书和所开展的工作。

三、提前知情同意程序

提前知情同意程序应在拟有意向进口缔约方的环境中引入改性活生物体的首次有意越境转移之前予以适用。而有意向环境中引入，并非指拟直接用作食物或饲料或用于加工的改性活生物体。提前知情同意程序也不适用于过境和封闭使用的改性活生物体。提前知情同意程序应在改性活生物体首次越境转移之前予以使用，包括通知、确认收到通知、作出决定等步骤。

四、拟直接作食物或饲料或加工之用的改性活生物体的程序

CBP 议定书第 11 条专门规定了拟直接作食物或饲料或加工之用的改性活生物体的程序，缔约方可根据国内规章条例，就拟直接作食物或饲料或加工之用的改性活生物体的进口作出决定。在作出决定后 15

天之内通过生物安全资料交换所将之通报各缔约方。

五、风险评估和风险管理

CBP 议定书要求应以科学为依据对改性活生物体的风险进行评估，同时应考虑采用已得到公认的风险评估技术。进口缔约方可以要求出口者进行风险评估并承担费用。缔约方应制定并保持适宜的机制、措施和战略，用以制约、管理和控制因改性活生物体的使用、处理和越境转移而构成的各种风险。即使是缺乏足够的科学依据，进口缔约方也可以采取管理措施。

六、无意中造成的越境转移和应急措施

因在其管辖范围内发生的某一事件造成的释放导致了或可能会导致改性活生物体的无意越境转移，每一缔约方均应采取适当措施，向受到影响或可能会受到影响的国家、生物安全资料交换所，并酌情向有关的国际组织发出通报。

七、处理、包装、运输和标志要求

每一缔约方应采取必要措施，对有意越境转移的改性活生物体，均参照有关的国际规则和标准，在安全条件下予以处理、包装和运输。每一缔约方应采取措施，针对不同类型的改性活生物体进行标志。

八、国家主管当局、联络点和生物安全信息交换所

缔约方应指定一个国家联络点、一个或数个主管当局。CBP 议定书建立生物安全信息交换所，缔约方应及时提供各种有关信息。

九、能力建设、公众意识和参与

各缔约方应开展合作，协助发展中国家和经济转型国家缔约方、

特别是其中最不发达国家和小岛屿发展中国家逐步建立和（或）加强生物安全方面的人力资源和体制能力，包括生物安全所需的生物技术。

缔约方应促进和便利开展关于安全转移、处理和使用改性活生物体的公众意识及教育活动，并积极参与该系列活动。

第五章 WTO 相关协定与 CPB 议定书的比较分析

第一节 宗旨和目的的比较分析

一、WTO 相关协定的宗旨和目的

1994年4月15日，马拉喀什部长级会议建立的世界贸易组织是一个独立于联合国的永久性国际组织。WTO 协定的"前言"指出，WTO 的基本宗旨是通过建立一个开放、健全和持久的多边贸易体制，提高生活水平，保证充分就业和有效需求的大幅度稳定增长，以及扩大货物和服务的生产与贸易；按照可持续发展的目标，考虑对世界资源的最佳利用，保护环境并提高和完善环境保护的手段；积极努力，确保发展中国家，特别是其中的最不发达国家，在国际贸易增长中获得与其经济发展需要相当的份额。

WTO《农业协定》在其"开篇"中指出，其宗旨为决定为发动符合《埃斯特角城宣言》所列谈判目标的农产品贸易改革进程而建立基础；忆及它们在乌拉圭回合谈判中期审评时所议定的长期目标是"建立一个公平的、以市场为导向的农产品贸易体制，并应通过支持和保护承诺的谈判及建立增强的和更行之有效的 GATT 规则和纪律发动改革进程"；又忆及"上述长期目标是在议定的期限内，持续对农业支持

和保护逐步进行实质性的削减，从而纠正和防止世界农产品市场的限制和扭曲"；承诺在以下每一领域内达成具体约束承诺：市场准入；国内支持；出口竞争；并就卫生与植物卫生问题达成协议；同意在实施其市场准入承诺时，发达国家成员将充分考虑发展中国家成员的特殊需要和条件，对这些成员有特殊利益的农产品在更大程度上改进准入机会和条件，包括在中期审评时议定的给予热带农产品贸易的全面自由化，及鼓励对以生产多样化为途径停止种植非法麻醉作物有特殊重要性的产品；注意到应以公平的方式在所有成员之间作出改革计划下的承诺，并注意到非贸易关注，包括粮食安全和保护环境的需要，注意到各方一致同意发展中国家的特殊和差别待遇是谈判的组成部分，同时考虑改革计划的实施可能对最不发达国家和粮食净进口发展中国家产生的消极影响。

  SPS 协定的"前言"对其宗旨作了阐述：允许各成员采纳或实施为保护人类、动物或植物的生命或健康所必需的措施。但这些措施在情形相同的成员之间不应构成任意或不合理的歧视，或对国际贸易构成变相的限制。以多边贸易协定来指导动植物卫生检疫措施的制定、采用和实施，从而使这些措施对贸易的消极作用降到最低程度。推动各成员使用以有关国际组织所制定的国际标准、准则和建议为基础的统一的动植物卫生检疫措施，但不要求各成员改变其合理的保护人类、动物或植物的生命或健康的水平。给予发展中成员在市场准入以及在其制定和实施国内动植物卫生检疫措施方面的帮助和特别的待遇。

  TBT 协定的"序言"阐述了其宗旨：注意到乌拉圭回合多边贸易谈判；期望促进 GATT1994 目标的实现；认识到国际标准和合格评定体系可以通过提高生产效率和便利国际贸易的进行、并在这方面做出重要贡献；因此，期望鼓励制定此类国际标准和合格评定体系；但是期望保证技术法规和标准，包括对包装、标志和标签的要求，以及对技术法规和标准的合格评定程序不给国际贸易制造不必要的障碍；认识到不应阻止任何国家在其认为适当的程度内采取必要措施，保证其出口产品的质量，或保护人类、动物或植物的生命或健康及保护环境，或防止欺诈行为，但是这些措施的实施方式不得构成在情形相同的国家之间进行任意或不合理歧视的手段，或构成对国际贸易的变相限制，并应在其他方面与本协定的规定相一致；认识到不应阻止任何国家采取必要措施以保护其基本安全利益；认识到国际标准化在发达国家向发展中国家转让技术方面可以做出的贡献；认识到发展中国家在制定和实施技术法规、标准及对技术法规和标准的合格评定程序方面可能遇到特殊困难，并期望对它们在这方面所做的努力给予协助。

二、CPB 议定书的宗旨和目的

CPB 议定书开篇阐述到，忆及《公约》第 19 条第 3 款和第 4 款、第 8（g）条和第 17 条，又忆及《公约》缔约方大会于 1995 年 11 月 17 日决定要求订立一项生物安全议定书，其具体侧重点应为凭借现代生物技术获得的、可能对生物多样性的保护和可持续使用产生不利影响的任何改性活生物体的越境转移问题，特别是着手拟定适宜的提前知情同意程序以供审议，重申《关于环境与发展的里约宣言》原则 15 中所规定的预先防范办法，意识到现代生物技术扩展迅速，公众亦日益关切此种技术可能会对生物多样性产生不利影响，同时还需顾及对人类健康构成的风险，认识到如能在开发和利用现代生物技术的同时亦采取旨在确保环境和人类健康的妥善安全措施，则此种技术可使人类受益无穷，亦认识到起源中心和遗传多样性中心对于人类极为重要，考虑到许多国家、特别是发展中国家在此方面能力有限，难以应付改性活生物体所涉及的已知和潜在风险的性质和规模，认识到贸易协定与环境协定应相辅相成，以期实现可持续发展。

CPB 议定书的第 1 条规定了议定书的目标为，依循《关于环境与发展的里约宣言》原则 15 所订立的预先防范办法，协助确保在安全转移、处理和使用凭借现代生物技术获得的、可能对生物多样性的保护和可持续使用产生不利影响的改性活生物体领域内采取充分的保护措施，同时顾及对人类健康所构成的风险，并特别侧重越境转移问题。

三、对二者的分析

国际贸易法与国际环境法原本是不同的法律部门，随着贸易与环境问题的发展，二者之间的关系越来越引人关注。❶ 二者所面临的共同问题是制定者可能会滥用保护主义。❷

同 GATT 相比，WTO 的基本宗旨提出了可持续发展和环境保护的概念。WTO 本身与其他国际条约和国际法的一般原则有一些明确的参考和隐含的联系。❸ GATT1994 第 20 条（b）款和（g）款规定，为保护人民、动植物的生命或健康所必需的措施，以及与国内限制生产与消费的措施相配合，为有效保护可能用竭的天然资源有关措施是一般例外。很明显，关税与贸易总协定 20 条例外规定承担着区分合法的调整选择与贸易保护主义理由的功能。❹ WTO《农业协定》注意到保护环境需要这样的非贸易关注。SPS 协定允许各成员采纳或实施为保护人类、动物或植物的生命或健康所必需的措施。TBT 协定认识到不应阻止任何国家在其认为适当的程度内采取必要措施，保护人类、动物或植物的生命或健康及保护环境。虽然，WTO 相关协定都体现了可持续发展和保护环境的理念，但是 WTO 协定本质上是贸易协定，其最终目的是促进贸易的发展。

贸易自由化原则是 WTO 的基本原则之一，适用于 WTO 的各个领域。贸易自由化原则是指通过多边贸易谈判，实质性削减关税和减少其他非关税壁垒，扩大成员方之间的货物和服务贸易，以促进贸易自由化。关税减让是指通过多边贸易谈判，以互惠互利原则为基础减让关税，大幅度降低关税和进出口其他费用水平，并且削减后的关税应

---

❶ 李居迁. WTO 贸易与环境法律问题［M］. 北京：知识产权出版社，2012：96.
❷ 李居迁. WTO 贸易与环境法律问题［M］. 北京：知识产权出版社，2012：18.
❸ Gabrielle Marceau. Fragmentation in International Law：The Relationship between WTO Law and General International Law-a Few Comments from a WTO Perspective. http：//heinonline.org.
❹ Yenkong Ngangjoh-Hodu. Relationship of GATT Article XX Exceptions to Other WTO Agreements. http：//heinonline.org.

得到约束，旨在降低成员方进出口关税的总体水平，尤其是降低阻碍商品进口的高关税，以促进贸易自由化。只允许关税保护又称为一般禁止数量限制，是指在成员方实行规则允许的贸易保护措施时，一般情况下禁止实行数量限制，而只允许实行关税手段，旨在促进贸易的自由化。数量限制措施是指限制进口数量的措施，是非关税壁垒中最常见的形式。减少非关税贸易壁垒是指减少一个国家采取的除关税以外的各种贸易保护措施。

SPS 协定第 2 条第 3 款规定，各成员应确保其动植物检疫措施不在情形相同或相似的成员之间，包括在成员自己境内和其他成员的境内之间构成任意或不合理的歧视。动植物检疫措施的实施方式不应对国际贸易构成变相限制。SPS 协定第 5 条第 5 款规定，为了达到运用适当的动植物卫生检疫保护水平的概念，在防止对人类生命或健康、动物和植物的生命或健康构成风险方面取得一致性的目的，每个成员应避免在不同的情况下任意或不合理地实施其所认为适当的不同的保护水平，如果这种差异在国际贸易中产生歧视或变相限制。SPS 协定第 5 条第 8 款规定，如一成员有理由认为另一成员采用或维持的特定动植物卫生检疫措施正在限制或可能限制其产品进口，且该措施不是根据有关国家标准、准则或建议制定的，或不存在此类标准、准则或建议，则可请求说明此类动植物卫生检疫措施的理由，维持该措施的成员应提供此种说明。为鼓励各成员在一定条件下接受其他成员的与自身措施等效的措施，SPS 协定第 4 条规定，若出口成员客观地向进口成员证明其动植物卫生检疫措施达到进口成员适当的动植物卫生检疫保护水平，则各成员应将其他成员的措施作为等效措施予以接受，即使这些措施不同于进口成员自己的措施，或不同于从事相同产品贸易的其他成员适用的措施。应请求各成员进行磋商，以便就承认具体卫生与植物措施的等效性问题达成双边和多边协议。

TBT 协定第 2 条规定，各成员应保证技术法规的制定、采用或实施在目的或效果上均不对国际贸易造成不必要的障碍。为此目的，技术法规对贸易的限制不得超过为实现合法目标所必需的限度，同时考虑合法目标未能实现可能造成的风险。如与技术法规采用有关的情况或目标已不复存在，或改变的情况或目标可采用对贸易限制较少的方式加以处理，则不得维持此类技术法规。

由于 WTO 的基本目标是追求贸易自由化，对世界贸易体系的主要挑战是确保不向各国政府追求合法国家政策的自由妥协。❶ WTO 协定允许成员国考虑为保护环境采取措施，但是这类措施有着严格的条件，这就是对情况相同的各国，实施的措施不应构成武断的或不合理的歧视，或构成对国际贸易的变相限制。非歧视原则是 WTO 的基本原则之一，包括最惠国待遇原则和国民待遇原则两个方面。最惠国待遇原则是指在任何一种关税和进出口有关的费用上，任何成员对任何另一成员方所给予的利益、优惠、特权或豁免，应无条件地给予来自或运往所有其他成员方领土的相似产品。因此，即使关税减让的谈判是在两国之间进行，谈判减让的商品以谈判两国为主要贸易对象，一旦一国对另一国承诺减让，则承诺方必须将同样的承诺无条件地给予所有其他 WTO 成员，虽然其他成员并没有参与该商品的关税减让谈判。国民待遇原则是指 WTO 成员的国内税费、法律、法规和规定，不得以为国内生产提供保护的目的，对进口产品或国内产品适用；进口商品进入一成员境内后，在该成员境内享受的有关法律、法规和规定的待遇，不得低于同类相似国内产品所享受的待遇。

在 CBP 议定书的谈判过程中，部分发达国家主张改性活生物体（LMO）的进出口管理应采取国别一致和内外一致的原则，不得作出不平等的歧视规定。相反，大多数发展中国家认为改性活生物体（LMO）及其产品对环境保护和人类健康具有特殊性，各国应有权决定是否接受外来的改性活生物体（LMO）。❷

《多哈宣言》对贸易与环境议题谈判进行了原则性阐释：正如《建

---

❶ Yenkong Ngangjoh-Hodu. Relationship of GATT Article XX Exceptions to Other WTO Agreements [EB/OL]. http://heinonline.org.

❷ 薛达元. 转基因生物安全与管理 [M]. 北京：科学出版社，2009：166.

立世界贸易组织的协定》序言中所表明的那样，我们坚定地重申对促进可持续发展目标的承诺。我们坚信，坚持和维护一个开放的和非歧视的多边贸易体制与保护环境和促进可持续发展的目标能够而且应当相互支持。我们注意到各成员方在自愿的基础上对贸易政策的国内环境影响评价所做的努力。我们认识到在 WTO 规则下，任何国家都不应被阻止为保护人类、动植物的生命或健康而采取措施，或采取它认为适当的措施来保护环境；但对情况相同的各国，实施的措施不应构成武断的或不合理的差别待遇，或构成对国际贸易的变相限制，并且在其他方面要符合 WTO 有关协定的规定。

在实践中，WTO 争端解决机构往往严格解释，限制 GATT1994 上述一般例外的适用，以免环境保护成为贸易保护的借口。在"美国汽油案"中，美国以 GATT 第 20 条（g）款进行抗辩，上诉机构认可美国采取的措施与保护可用竭的自然资源有关，属于第 20 条（g）款的范围。但是却认定美国的措施不符合 GATT 第 20 条"前言"的规定，是"对国际贸易的变相限制"。[1] 在美国"禁止进口虾及其制品案"中，上诉机构也认定美国的进口禁令与保护可用竭的自然资源有关，属于 GATT 第 20 条（g）款的范围，但是美国的措施构成了第 20 条武断的和不合理的歧视。[2] 在巴西"翻新轮胎案"中，上诉机构认为判断是否构成武断或不合理的差别待遇应从该措施的目的出发，巴西的措施构成了 GATT 第 20 条所指武断和不合理的歧视，是对国际贸易的变相限制。[3] 在第二次美国"金枪鱼案"中，上诉机构依然将自由贸易置于环境保护之前。[4]

同样，虽然 CPB 议定书认识到贸易协定与环境协定应相辅相成，但是其最终目的是实现可持续发展，其本质上是环境条约。

---

[1] WTO. United States-Standards for Reformulated and Conventional Gasoline. WT/DS2, WT/DS4.

[2] WTO. United States-Import Prohibition of Certain Shrimp and Shrimp Products. WT/DS58.

[3] WTO. Brazil-Measures Affecting Imports of Retreaded Tyres. WT/DS332.

[4] Vanda Jakir. The New WTO Tuna Dolphin Decision: Reconciling Trade and Environment?. CYELP, 9, 2013.

第二节　采取相关措施遵循原则的比较分析

一、WTO 相关协定的科学证据原则

SPS 协定的主要目的是促进 SPS 措施的和谐，在所有的 WTO 成员违反国际标准的案例中，其措施被希望有足够的科学证据支持。[1] SPS 协定第 2 条第 2 款规定，采取动植物卫生检疫措施要以科学原理为依据，如无充分的科学依据则不再实施。SPS 协定第 5 条第 7 款规定，在有关科学证据不充分的情况下，各成员可根据现有的有关信息，包括来自有关国际组织以及其他成员方实施的动植物检疫措施的信息，临时采用某种动植物检疫措施。在这种情况下，各成员应寻求获得额外的补充信息，以便更加客观地评估风险，并相应地在合理期限内评价动植物检疫措施。风险评估中所指的"现有的科学依据"，并不需要已经达成一致的科学结论，风险评估可同时列出主流科学观点和非主流科学观点。协定并不要求成员方进行风险评估时只能采纳主流科学观点，采纳少数专家意见本身不必然表明风险评估的不合理性。

SPS 协定第 3 条第 3 款规定，各成员可以实施或维持比与有关国际标准、指南或建议为依据的措施所提供的保护水平更高的动植物检疫措施，但要有科学依据，或一成员根据第 5 条第 1 款—第 8 款中有关规定，认为该措施所提供的保护水平是合适的。除上述外，若某措施所产生的动植物卫生保护水平不同于以国际标准、指南或建议为依据制定的保护水平，则一概不得与本协定中任何其他条款的规定相抵触。

二、CPB 议定书的预防原则

CPB 议定书的"前言"提及重申《关于环境与发展的里约宣言》

---

[1] Lukasz Gruszczynski. Insufficiency of Scientific evidence under Article 5.7 of the SPS Agreement: Some remarks on the Panel Report in the EC-Biotech Products Case. University of Ottawa Law & Technology Journal. 8, 2009.

原则 15 中所规定的预先防范办法。1992 年联合国《关于环境与发展的里约宣言》的第 15 条指出，为保护环境，缔约国应根据其能力广泛地采取预防手段，当出现严重或不可逆转的损害时，不应因缺乏充分的科学定论而推迟有效的手段来防止环境退化。

CPB 议定书第 10 条"决定程序"第 6 款规定，在顾及对人类健康构成的风险的情况下，即使由于在改性活生物体对进口缔约方的生物多样性的保护和可持续使用所产生的潜在不利影响的程度方面未掌握充分的相关科学资料和知识，因而缺乏科学定论，亦不应妨碍该缔约方酌情就以上第 3 款所指的改性活生物体的进口问题作出决定，以避免或尽最大限度地减少此类潜在的不利影响。

CPB 议定书第 11 条"关于拟直接作食物或饲料或加工之用的改性活生物体的程序"第 8 款规定，在顾及对人类健康构成的风险的情况下，即使由于在改性活生物体对进口缔约方生物多样性的保护和可持续使用产生的潜在不利影响的程度方面未掌握充分的相关科学资料和知识，因而缺乏科学定论，也不应妨碍进口缔约方酌情就拟直接作食物、饲料或加工之用的该改性活生物体的进口作出决定，以避免或尽最大限度地减少此类潜在的不利影响。

三、对二者的分析

预防原则（precautionary principle）自 20 世纪 80 年代逐渐由国内法制度演变为国际法规则。1982 年联合国《世界自然宪章》要求，在进行可能对大自然构成重大危险的活动之前应先彻底调查，这种活动的倡议者必须证明预期的益处超过大自然可能受到的损害，如果不能完全了解可能造成的不利影响，活动即不得进行。1985 年联合国《保护臭氧层维也纳公约》指出，臭氧层破坏给人类带来了潜在影响，并根据《联合国人类环境宣言》中的原则，呼吁各国采取预防措施，使本国内开展的活动不要对全球环境造成破坏。1987 年保护北海第二次会议部长级宣言指出，为保护北海免受危险物质损害的可能，采用预防措施十分有必要，要求在损害因果关系得到充分科学证据确认之前控制危险物质的注入。1992年《生物多样性公约》指出，注意到生物多样性遭受严重减少或损失的威胁时，不应以缺乏充分的科学定理为理由，而推迟采取旨在避免或尽量减轻此种威胁的措施。1992年《气候变化公约》指出，各成员国应采取预防措施预测、制止和减少气候变化的负面影响。

  由于各国生物技术发展水平差异较大，而且CBP议定书涉及生物技术产品的贸易和生物多样性保护及人类健康等问题，各国高度重视议定书谈判内容。在CBP议定书谈判过程中，各方对议定书的内容存在严重分歧，争论亦十分激烈。随着谈判的深入，谈判各方根据利益共同点，形成多个利益集团。非洲国家集团第一个在提案中主张适用预防原则，要求出口国履行提前知情同意程序。观点相似集团主要由77国集团国家加上中国构成，基本上都是发展中国家。由于大多数发展中国家鉴于自己处理生物技术安全问题的能力太弱，对高科技生物的越境转移表示谨慎和忧虑。他们坚持以预防为主的原则，主张制定一项国际法规来规范和约束GMO的越境转移，以减少其对生物多样性和人体健康的负面影响。欧盟有十多个发达国家成员国，多为高科技生物进口国。欧盟强调预防原则的重要性，希望起草一份较为严格的议定书，用于管理高科技生物的越境转移和国际贸易。中东欧国家集团中的国家当时还不是欧盟成员国，多为经济转型国家。该集团成员国没有明显的倾向，基本上支持议定书需要写入预防原则。迈阿密集团包括阿根廷、澳大利亚、加拿大、智利、美国和乌拉圭等高科技作物种子和产品出口国。这些国家担心因为议定书规定太严会妨碍他们从生物技术及其产品的出口中获得巨大的经济利益。他们希望能够确保转基因产品自由贸易，省去烦琐的官方批准手续，不希望因环境保护而导致贸易保护主义壁垒。❶ 生物安全

---

❶ UNEP. Convention on Biological Diversity, 1997, Complication of the Views of Governments on the Contents of the Future Protocol. Monbeal: CBD Open-ended Ad Hoc Working Group on Biosafety. UNEP/CBD/DSWG/2/2.

问题巨大的风险性及其后果的严重性决定了预防原则成为生物安全国际法的基本原则之一。❶

预防原则是在科学数据是矛盾的或很少时，监管机构证明监管措施正当性时可能会使用的工具。❷ 根据预防原则，是否发生环境危害存在着科学上的不确定性，而环境危害一旦现实发生必然是十分严重的，不可逆转的，因此不能以科学上没有确定性为理由拒绝或推迟采取必要的预防措施。预防原则被认为是人类在处理重大环境风险与发展关系时的准则。为防止出现重大环境危害，即使缺乏科学定论，各国也有权采取预防措施。但是，对预防原则是否构成国际法上的原则和国际习惯法这一问题，意见并不统一。WTO 争端解决机构的相关裁决中并不支持预防原则。

20 世纪 80 年代，当时的欧共体认为残留在牛肉中的荷尔蒙可能具有致癌性，并危害人类健康，因而规定禁止进口包括美国和加拿大在内的欧共体出口的使用了荷尔蒙生长激素的牛肉。而美国和加拿大则以欧共体的措施不符合科学证据原则为由，向当时的 GATT 争端解决机制提出申诉，但争议未能得到解决。在欧共体实行新的荷尔蒙牛肉禁止进口指令后，美国和加拿大以欧共体违反了 SPS 协定为由，向 WTO 提起诉讼。专家组认为，欧共体所维持的限制措施不符合 SPS 协定关于风险评估的要求且在不同的情况下对检疫保护的水平采取了任意且不合理的差别对待，导致了对国际贸易的歧视和变相限制，要求欧共体修改措施，使其符合 SPS 协定。欧共体不服专家组的裁定，提出上诉。1998 年 1 月，上诉机构提交的报告支持了专家组的大部分论点及结论。上诉机构报告阐述了 SPS 协定与预防原则的关系，对于预防原则的国际法地位问题，学者有很多争论，上诉机构没有必要草率

---

❶ 王灿发，于文轩. 生物安全国际法导论 [M]. 北京：中国政法大学出版社，2009：81.

❷ Aaron A. Ostrovsky. The New Codex Alimentarius Commission Standards for Food Created with Modern Biotechnology: Implications for the EC GMO Framework's Compliance with the SPS Agreement. Michigan Journal of International Law. Vol. 25, Spring, 2004.

地对该问题表明立场，事实上专家组在报告中也没有详尽地分析预防原则的国际法地位问题，但是明确预防原则与 SPS 协定的关系的确十分重要：首先，预防原则并未明确载入 SPS 协定。其次，SPS 协定序言第 6 段、第 3 条第 3 款和第 5 条第 7 款均反映了预防原则的部分要素。再次，在判断足够科学依据时应谨记有责任的政府在危险不可逆转时通常都表现出应有的谨慎和小心。最后，预防原则并不能作为减轻 SPS 协定项下国家义务的依据。……上诉机构同意专家组的裁定，预防原则不能推翻 SPS 协定第 5 条第 1 款和第 2 款的规定。❶ 有观点认为，在国际贸易法领域适用预防原则是一个有争议的问题，这个原则在国际贸易自由化和公共健康保护之间起到平衡作用。❷ 虽然在"荷尔蒙牛肉案"中，上诉机构认为 SPS 协定"序言"的第 6 段、第 3 条第 3 款和第 5 条第 7 款部分地反映了预防原则，但是却认为预防原则不能作为解读 SPS 协定相关条款项下义务，进而说明欧共体临时措施合理性的依据。

在美国、加拿大和阿根廷三国诉欧盟高科技农产品进口案中，美国等国认为，在有关产品已经获得欧盟审批的情况下，六个欧盟成员国采取的只适用于各自领土内的九项保障措施对六种高科技油菜籽和玉米品种实施了进口、上市或销售禁令。这些保障措施违反了 SPS 协定，尤其是成员国的措施没有遵守 SPS 协定第 5 条第 1 款和第 2 条第 2 款关于风险评估和科学原则的规定。欧盟认为，这些保障措施是各成员国基于预防原则采取的正当措施。由于某些高科技生物对人类健康和环境具有潜在威胁，因此基于预防性原则对个案进行风险评估和采取保护措施是合理的。欧盟还认为预防原则已经成为一项成熟的一般国际法准则。大量案例说明，世界上许多国家的审批制度都是基于必须采取预防性行为。美国认为，预防原则不符合成为国际法一般原则

---

❶ WTO. EC Measures Concerning Meat and Meat Products (Hormones), WT/DS26, WT/DS48.

❷ Akawat Laozvonsiri. Application of the Precautionary Principle in the SPS Agreement. University of Heidelberg, Max Planck Institute for Comparative Public Law and International Law and the University of Chile, March 2009.

的任何要求：首先，该原则没有明确的内容，不能为各国提供任何权威的行为指导，不能被视为是一项准则；其次，该原则甚至不能得到支持它的国家的统一界定，不能认为该原则反映了各国的实践；再次，该原则没有定义，不能成为一项法律规范，不能认为各国有法律义务对其加以遵守。加拿大和阿根廷援引 WTO 争端解决机构在"荷尔蒙牛肉案"中的"当某项 SPS 措施违反了 SPS 协定下特定条款所列的成员国义务时，不能援引预防原则作为 SPS 措施辩护的理由"，认为这已经解决了预防原则的地位问题。专家组裁决指出，欧盟认为高科技生物食品会对人类健康和环境构成潜在威胁，限制措施的依据是预防原则。预防原则已经构成国际法一般原则在众多国际协定中得以体现。特别值得注意的是，预防原则被纳入专门规范高科技生物食品的《生物安全议定书》，成为限制和禁止具有科学不确定性高科技生物食品进口的重要考虑因素。部分国家国内法也规定了预防原则，如 2000 年澳大利亚基因技术法、瑞士高科技生物技术法、新西兰危险物质和新生物法。此外，预防原则还成为印度环境立法的基本原则并多次作为印度最高法院判案的依据。专家组认为"荷尔蒙牛肉案"虽然已过去了八年，但是迄今为止关于预防原则国际法律地位的争议仍在发生，没有国际权威法庭认为其演变为国际习惯法。应该承认预防原则为越来越多的国际公约和宣言所确认，但是这些国际协定大多集中在国际环境法领域，国内法关于预防原则的规定和实践也局限于环境法领域。此外，预防原则的定义和内容十分模糊，正如"荷尔蒙牛肉案"中上诉机构所担心的那样，为了避免作出草率的结论，专家组不对预防原则国际法地位作出任何判断。[1] 虽然该案专家组回避认定预防原则的国际法地位问题，但是却认同"荷尔蒙牛肉案"上诉机构的立场，认为预防原则存在争议，不能认为其已经构成国际法原则或国际习惯法。

在"欧洲石棉进口案"中，WTO 争端解决机构则坚持了充分科学

---

[1] WTO. European Communities-measures Affecting the Approval and Marketing of Biotech Products. WT/DS291, WT/DS292, WT/DS293.

证据原则。法国出于公共健康的考虑限制来自加拿大的石棉纤维材料进口，加拿大则认为法国的措施违反了 WTO 规则。专家组依据国际社会其他机构和专家对石棉纤维危害性的认定，裁定有足够的科学证据证明吸入石棉纤维将危害人类健康。但由于加拿大没有充分的证据证明石棉水泥产品是否对人类有害，裁定法国的措施合法。❶可见，此前 WTO 争端解决机构的立场是坚持 SPS 协议中的科学证据原则。

第三节 相关措施适用对象的比较分析

一、WTO 相关协定的适用对象

GATT1947 是调整货物贸易的，在 WTO 成立之后，作为多边货物贸易的国际协议 GATT 仍然存在，在 WTO 中继续以 GATT1994 的形式存在，继续成为影响国际货物贸易的基本规则，与《服务贸易总协定》和《与贸易有关的知识产权协定》并列，成为 WTO 协议的组成部分之一。WTO 协定的附件 1A 关于货物贸易的实质性多边贸易协定包括《农业协定》《实施卫生与动植物检疫措施协定》《技术性贸易壁垒协定》《反倾销协定》《补贴与反补贴措施协定》和《保障措施协定》等。因此，农业高科技生物除要适用《农业协定》的特殊规定之外，都应适用 WTO 货物贸易诸协定关于货物贸易的其他规定。

二、CBP 议定书的适用对象

（一）药物不适用 CBP 议定书

CBP 议定书的适用对象限于改性活生物体（LMO）。但是，CBP 议定书第 5 条规定，在不损害缔约方在其就进口问题作出决定之前对所

---

❶ WTO. European Communities-measures Affecting Asbestos and Asbestos-containing Products. WT/DS135.

有改性活生物体进行风险评估的权利的情况下,本议定书不应适用于由其他有关国际协定或组织予以处理的、用作供人类使用的药物的改性活生物体的越境转移。因此,转基因药物是排除在 CBP 议定书的适用范围之外的。

(二) 过境和封闭使用的改性活生物体不适用提前知情同意程序

CBP 议定书第 6 条第 1 款规定,在不损害过境缔约方对作穿越其领土运输的改性活生物体实行管制,以及根据第 2 条第 3 款把该缔约方针对穿越其领土运输某种改性活生物体作出的任何决定通知生物安全资料交换所的任何权利的情况下,本议定书中有关提前知情同意程序的规定不应适用于过境的改性活生物体。根据 CBP 议定书第 3 条 (b) 款,封闭使用是指在一设施、装置或其他有形结构中进行的涉及改性活生物体的任何操作,且因对所涉改性活生物体采取了特定控制措施而有效地限制了其与外部环境的接触及其对外部环境所产生的影响。

CBP 议定书第 6 条第 2 款规定,在不损害缔约方在其就进口问题作出决定之前对所有改性活生物体进行风险评估的任何权利,以及针对属其管辖范围之内的封闭使用订立标准的任何权利的情况下,本议定书中有关提前知情同意程序的规定不应适用于那些拟按照进口缔约方的标准用于封闭使用的改性活生物体的越境转移。根据 CBP 议定书第 3 条 (k) 款,越境转移是指从一缔约方向另一缔约方转移改性活生物体。

(三) 拟直接作食物或饲料或加工之用的改性活生物体不适用提前知情同意程序

根据 CBP 议定书第 7 条,提前知情同意程序应在拟有意向进口缔约方的环境中引入改性活生物体的首次有意越境转移之前予以适用。但"有意向环境中引入"并非指拟直接用作食物或饲料或用于加工的改性活生物体。

根据 CBP 议定书第 11 条,一缔约方如已针对为供直接作食物或饲料或加工之用而拟予以越境转移的改性活生物体的国内用途、包括投放市场作出最终决定,则应在作出决定后 15 天之内通过生物安全资料交换所将之通报各缔约方。缔约方可根据符合本议定书目标的国内规章条例,就拟直接作食物或饲料或加工之用的改性活生物体的进口作出决定。每一缔约方如订有适用于拟直接作食物或饲料或加工之用的改性活生物体的进口的任何国家法律、规章条例和准则,应向生物安全资料交换所提供此种资料的副本。

(四) 首次有意越境转移改性活生物体适用提前知情同意程序

根据 CBP 议定书第 7 条,提前知情同意程序应在拟有意向进口缔约方的环境中引入改性活生物体的首次有意越境转移之前予以适用。

根据 CBP 议定书第 8 条,出口缔约方应在首次有意越境转移改性活生物体之前,通知或要求出口者确保以书面形式通知进口缔约方的国家主管部门。出口缔约方应确保订有法律条文,规定出口者提供的资料必须准确无误。

根据 CBP 议定书第 9 条,进口缔约方应于收到通知后 90 天内以书面形式向发出通知者确认已收到通知。即使进口缔约方未能对通知作出确认,亦不应意味着其对越境转移表示同意。

根据 CBP 议定书第 10 条,进口缔约方所作决定应符合风险评估的规定。进口缔约方应在规定的时限内书面通知发出通知者可否在下述情况下进行有意越境转移:(a) 只可在得到进口缔约方的书面同意后;或 (b) 于至少 90 天后未收到后续书面同意。进口缔约方应在收到通知后 270 天内向发出通知者及生物安全资料交换所书面通报以上 (a) 款中所述决定并表明:(a) 有条件或无条件地核准进口,其中包括说明此项决定将如何适用于同一改性活生物体的后续进口;(b) 禁止进口;(c) 根据其国内规章条例或根据附件一要求提供更多的有关资料;或 (d) 通知发出通知者已将本款所列明的期限适当延长。除非已予以无条件核准,否则所作的决定应列出作出这一决定的理由。即使进口缔约方未能在收到通知后 270 天内通报其决定,亦不应意味着该缔约方对有意越境转移表示同意。

根据 CBP 议定书第 12 条,进口缔约方可随时根据对生物多样性的保护和可持续使用的潜在不利影响方面的新的科学资料，并顾及对人类健康构成的风险，审查并更改其已就改性活生物体的有意越境转移作出的决定。在此种情形中，该缔约方应于30之内就此通知先前曾向其通报此种决定中所述改性活生物体的转移活动的任何发出通知者以及生物安全资料交换所，并应说明作出这一决定的理由。出口缔约方或发出通知者如认为出现了下列情况，便可要求进口缔约方对其已依照第10条针对该次进口所作出的决定进行复审：（a）发生了可能会影响到当时作出此项决定时所依据的风险评估结果的情况变化；或（b）又获得了其他相关的科学或技术信息资料。进口缔约方应于90天内对此种要求作出书面回复并说明其所作决定的依据。进口缔约方可自行斟酌决定是否要求对后续进口进行风险评估。

根据CBP议定书第13条，只要已依循议定书的目标，为确保以安全方式从事改性活生物体的有意越境转移采取了适宜的措施，进口缔约方便可提前向生物安全资料交换所表明：（a）向该缔约方的有意越境转移可在何种情况下于向进口缔约方发出转移通知的同时同步进行；以及（b）拟免除对向该缔约方进口的改性活生物体采用提前知情同意程序。（a）项中所述通知可适用于其后向同一缔约方进行的类似转移。

（五）无意中造成改性活生物体越境转移要采取应急措施

根据CBP议定书第17条，每一缔约方均应在获悉已发生下列情况时采取适当措施，向受到影响或可能会受到影响的国家、生物安全资料交换所并酌情向有关的国际组织发出通报：因在其管辖范围内发生的某一事件造成的释放导致了或可能会导致改性活生物体的无意越境转移，从而可能对上述国家内生物多样性的保护和可持续使用产生重大而不利的影响，同时亦可能对这些国家的人类健康构成风险。缔约方应在知悉上述情况时立即发出此种通知。

发出的任何通知应包括下列内容：（a）所涉改性活生物体的估计数量及其相关特性和（或）特征的现有相关资料；（b）说明发生释放

的具体情形和估计的释放日期,以及所涉改性活生物体在起源缔约方内的使用情况;(c)关于可能会对生物多样性的保护和可持续使用产生不利影响和对人类健康构成风险的任何现有资料,以及关于可能采取的风险管理措施的现有资料;(d)任何其他有关资料;(e)可供索取进一步资料的联络点。

为尽可能减少其对生物多样性的保护和可持续使用的任何重大不利影响,同时亦顾及对人类健康所构成的风险,每一缔约方,如已在其管辖范围内发生上述改性活生物体的释放,应立即与受到影响或可能会受到影响的国家进行协商,使它们得以确定适当的应对办法并主动采取必要行动,包括采取各种应急措施。

(六)非法越境转移的改性活生物体应受处罚

根据 CBP 议定书第 25 条,每一缔约方应在其国内采取适当措施,防止和酌情惩处违反其履行本议定书的国内措施的改性活生物体越境转移。此种转移应视为非法越境转移。在发生非法越境转移事件时,受到影响的缔约方可要求起源缔约方酌情以运回本国或以销毁方式处置有关的改性活生物体,所涉费用自理。每一缔约方应向生物安全资料交换所提供涉及本国的非法越境转移案件的信息和资料。

三、对二者的分析

CBP 议定书的适用对象限于改性活生物体(LMO)。根据 CBP 议定书第 3 条,活生物体是指任何能够转移或复制遗传材料的生物实体,其中包括不能繁殖的生物体、病毒和类病毒;改性活生物体是指任何具有凭借现代生物技术获得的遗传材料新异组合的活生物体。

而在 WTO 诸协议中,并没有对高科技生物作进一步的区分以适用不同的规则,无论是凭借现代生物技术获得的遗传材料新异组合的活生物体,还是不具有活生物体转移或复制遗传材料特质的高科技生物产品,都应适用相同的规则。

姑且不论农业高科技生物采用的高科技生物技术,单就最终产物而言，农业高科技生物应属于农产品的范畴。WTO《农业协议》所适用的产品不包括鱼及鱼制品、甘露糖醇、山梨醇、精油、蛋白类物质、改性淀粉、胶、整理剂、生皮、生皮毛、生丝和废丝、羊毛和动物毛、原棉、废棉和已梳棉、生亚麻、生大麻。因此，2015年美国食品药品监督管理局批准的首个高科技动物高科技三文鱼（大西洋鲑鱼）❶，以及中国自1997年开始种植的高科技Bt棉花❷等农业高科技生物不能适用《农业协定》的特殊规定，但是WTO的一般规则仍应适用于这些产品。

农业高科技生物国际贸易属于货物贸易的范畴，而国际货物贸易是出口方和进口方依据双方的合同有意跨境移转货物的过程。目前，通过国际贸易手段流转的农业高科技生物大部分属于直接作食物或饲料或加工之用，这部分农业高科技生物不适用CBP议定书的提前知情同意程序，而是适用通过生物安全资料交换所将国内用途、投放市场等最终决定通报各缔约方的特殊程序。WTO相关协议与CBP议定书的相关规定在直接作食物或饲料或加工之用的农业高科技生物国际贸易的法律调整中重合适用的概率较大。

根据CBP议定书第7条，有意向进口缔约方的环境中引入农业高科技生物的首次有意越境转移之前适用提前知情同意程序。通过国际贸易方式有意向另一国环境中引入的农业高科技生物主要有高科技动植物种子、种畜禽、水产苗种和微生物；含有高科技动植物、微生物或者其产品成分的种子、种畜禽、水产苗种、农药、兽药、肥料和添加剂等产品。虽然没有查阅到确切的统计数据，但是目前农业高科技生物国际贸易中上述有意向另一国环境中引入的农业高科技生物应当只占很小的比例。WTO相关协议与CBP议定书的相关规定在有意向另一国环境中引入的农业高科技生物国际贸易的法律调整中重合适用的概率也相对较小。

---

❶ Clive James. 2015年全球生物技术/转基因作物商业化发展态势［J］. 中国生物工程杂志，2016（4）.

❷ Clive James. 中国打造转基因关键作物/三驾马车［J］. 中国生物工程杂志，2009（12）.

第四节 风险评估和风险管理措施的比较分析

一、WTO相关协定中的风险评估和风险管理措施

（一）风险评估

根据SPS协定附件1，风险评估是指根据可能适用的动植物检疫措施来评价虫害或病害在进口成员境内传入、定居或传播的可能性，及评价相关潜在生物和经济后果；或评价食品、饮料或饲料中存在的添加剂、污染物、毒素或致病有机体对人类或动物的健康所产生的潜在不利影响。前者称为"检疫性风险评估"，后者称为"食源性风险评估"。❶

SPS协定第5条第1款规定，各成员应保证其动植物检疫措施是依据对人类、动物或植物的生命或健康所做的适应环境的风险评估为基础，并考虑有关国际组织制定的风险评估技术。

SPS协定第5条第2款规定，在进行风险评估时，各成员应考虑可获得的科学证据；有关工序和生产方法；有关检查、抽样和检验方法；某些病害或虫害的流行；病虫害非疫区的存在；有关的生态和环境条件；以及检疫或其他处理方法。

SPS协定第5条第3款规定，各成员在评估对动物或植物的生命或健康构成的风险，并决定采取措施达到适当的动植微生物检疫保护水平，在防止这类风险时，应考虑下列相关经济因素：由于虫害或病害的传入、定居或传播，对生产或销售造成损失的潜在损害；在进口成员境内控制或根除病虫害的成本；以及采用其他方法来控制风险的相对成本效益。

---

❶ 刘芳. SPS协定与我国检验检疫法律体系的完善 [M]. 北京：中国政法大学出版社，2014：36.

（二）适当的动植物检疫保护水平的确定

根据 SPS 协定附件 1，适当的动植物检疫保护水平是指制定动植物检疫措施以保护其境内的人类、动物或植物的生命或健康的成员所认为合适的保护水平。许多成员也称此概念为"可接受的风险水平"。

SPS 协定第 5 条第 4 款规定，各成员在确定适当的动植物检疫保护水平时，应考虑将对贸易的消极影响减少到最低程度这一目标。

SPS 协定第 5 条第 5 款规定，为达到运用适当的动植物卫生检疫保护水平的概念，在防止对人类生命或健康，动物和植物的生命和健康构成危害方面取得一致性的目的，每一成员应避免在不同情况下任意或不合理地实施它所认为适当的不同的保护水平，如果这类差异在国际贸易中产生歧视或变相限制。

SPS 协定第 5 条第 6 款规定，在不损害第 3 条第 2 款规定的前提下，各成员在制定或维持动植物检疫措施以达到适当的动植物卫生保护水平时，各成员应确保对贸易的限制不超过为达到适当的动植物卫生检疫保护水平所要求的限度，同时考虑其技术和经济的可行性。

SPS 协定第 5 条第 7 款规定，在有关科学证据不充分的情况下，一成员可根据现有的有关信息，包括来自有关国际组织以及其他成员方实施的动植物检疫措施的信息，临时采用某种动植物检疫措施。在这种情况下，各成员应寻求获得额外的补充信息，以便更加客观地评估风险，并相应地在合理期限内评价动植物检疫措施。

SPS 协定第 5 条第 8 款规定，当一成员有理由认为另一成员制定或维持的某种动植物检疫措施正在限制或潜在限制其产品出口，而这种措施不是以有关国际标准、指南或建议为依据，或这类标准、指南或建议并不存在，则可要求其解释采用这种动植物检疫措施的理由，维持该措施的成员应提供此种解释。

（三）控制、检查和批准程序

SPS 协定第 8 条规定，各成员在实施控制、检查和批准程序时，包括批准在食品、饮料或饲料中使用添加剂，或确定污染物允许量的国家制度时，应邀守附件 3 的规定，并应保证其程序不与本协定规定相抵触。

SPS 协定附件 3 规定了具体的控制、检查和批准程序。

1. 关于检查和确保执行动植物卫生检疫措施的任何程序，各成员应确保：

（a）在执行和完成这类程序时没有不适当的延误，给予进口产品的待遇不低于类似的国内同类产品；

（b）公布每一程序的标准处理期限，或根据请求将预期的处理期限向申请人传达；主管机构在接到申请后立即审查文件的完整性；并以准确、完整的方式通知申请人所有不足之处；主管机构尽快以准确、完整的方式向申请人传达程序的结果，以便申请人在必要时采取纠正措施；根据申请人的要求，即使在申请存在不足之处时，主管机构也应尽可能继续进行该程序；并根据要求，通知申请人程序的执行阶段，并对任何迟延作出解释；

（c）对信息的要求局限于控制、检查和批准程序的适当需要，包括批准使用添加剂或为制定食品、饮料或饲料中污染物的允许量所必要的限度；

（d）在控制、检查和批准过程中，有关产生的或提供的进口产品的信息的机密性得到尊重，其方式不应低于国内产品，并使合法的商业利益得到保护；

（e）对产品的单个样品的任何控制、检查和批准要求，要视其合理性和必要性而定；

（f）对进口产品程序征收的任何费用与国内同类产品或来自任何其他成员的产品所征收的费用相当，且不高于服务的实际成本；

（g）程序中所用设备的设置地点，以及进口产品样品的选择应使用与国内产品相同的标准，以便将申请人、进口商、出口商或其代理人的不便减少到最低程度；

（h）根据适用的规定，由于控制和检查后产品规格发生了变化，则经过改进的产品程序仅限于是否该产品仍然符合有关规定有充分的信心和在必要范围内；

（i）建立一种程序来审议对有关这类程序运行的投诉，且当投诉合理时应采取纠正措施。

当进口成员实行批准使用食品添加剂或制定食品、饮料或饲料中污染物允许量的体系，而这一体系禁止或限制未获批准的产品进入其国内市场，进口成员应考虑使用有关国际标准作为进入市场的依据，直到作出最后决定为止。

2. 若一种动植物检疫措施规定在生产阶段进行控制，则在其境内进行有关生产的成员应提供必要帮助，以便于这类控制及控制机构的工作。

3. 本协定的内容不应阻碍各成员在各自境内实施合理检验。

（四）动植物检疫措施应以国际标准、指南或建议为依据

SPS 协定第 3 条规定，为在尽可能广泛的基础上协调动植物检疫措施；各成员的动植物检疫措施应以国际标准、指南或建议为依据，除非本协定、特别是第 3 款中另有规定。符合国际标准、指南或建议的动植物检疫措施应被视为是保护人类、动物或植物的生命或健康所必需的措施，并被认为符合本协定和 1994 关贸总协定有关条款的规定。

（五）等同对待（等效）

SPS 协定第 4 条规定，如果出口成员客观地向进口成员表明它所采用的动植物检疫措施达到进口成员适当的动植物检疫保护水平，即使这些措施不同于进口成员自己的措施，或不同于从事同一产品贸易的其他成员使用的措施，各成员应同等地接受其他成员的动植物检疫措施。为此根据请求，应给予进口成员进行检验、测试及执行有关程序的合理机会。

二、CBP 议定书中的风险评估和风险管理措施

（一）风险评估

CBP 议定书第 15 条规定，依照本议定书进行的风险评估应按附件

3 的规定,并以在科学上合理的方式作出,同时还应考虑采用已得到公认的风险评估技术。此种风险评估应以根据第 8 条所提供的资料和其他现有科学证据作为评估所依据的最低限度资料,以期确定和评价改性活生物体可能对生物多样性的保护和可持续使用所产生的不利影响,同时亦顾及对人类健康所构成的风险。进口缔约方应确保为依照第 10 条❶作出决定而进行风险评估。它可要求出口者进行此种风险评估。如果进口缔约方要求由发出通知者承担进行风险评估的费用,则发出通知者应承担此项费用。

根据 CBP 议定书附件 3,风险评估的具体规定如下。

1. 风险评估的目标

确定和评价改性活生物体在可能的潜在接收环境中对生物多样性的保护和可持续使用产生的不利影响,同时亦顾及对人类健康所构成的风险。

2. 风险评估的用途

风险评估的结果,除其他外,系供主管部门就改性活生物体作出知情决定。

3. 风险评估的一般原则

应以科学、合理和透明的方式进行风险评估,并可计及相关的国际组织的专家意见及其所订立的准则。缺少科学知识或科学共识不应必然地被解释为表明有一定程度的风险、没有风险,或有可以接受的风险。

应结合存在于可能的潜在接收环境中的未经改变的受体或亲本生物体所构成的风险来考虑改性活生物体或其产品(即源于改性活生物体并经过加工的材料,其中含有凭借现代生物技术获得的可复制性遗传材料的可检测到的新异组合)所涉及的风险。

风险评估应以具体情况及具体处理的方式进行。所需资料可能会因所涉改性活生物体、其预定用途和可能的潜在接收环境的不同而在

---

❶ 即提前知情同意程序的决定程序。

性质和详细程度方面彼此迥异。

4. 风险评估的方法

在风险评估进程中，一方面可能会需要提供可在评估进程中予以确定和要求提供的关于具体对象的进一步资料，另一方面关于其他对象的资料在某些情况下则可能不相关。

5. 风险评估的步骤

（a）鉴别与在可能的潜在接收环境中可能会对生物多样性产生不利影响的改性活生物体相关的任何新异基因型和表型性状，同时亦顾及对人类健康构成的风险；

（b）在顾及所涉改性活生物体暴露于可能的潜在接收环境的程度和暴露类型的情况下，评价产生这些不利影响的可能性；

（c）评价一旦产生此种不利影响而可能会导致的后果；

（d）根据对所认明的产生不利影响的可能性及其后果进行的评价，估计改性活生物体所构成的总体风险；

（e）就所涉风险是否可以接受或可设法加以管理的问题提出建议，包括视需要订立此类风险的管理战略；

（f）在无法确定风险程度的情况下，可要求针对令人关注的具体问题提供进一步的资料，或采用适宜的风险管理战略和（或）在接收环境中对所涉改性活生物体进行监测。

6. 风险评估可考虑的要点

风险评估应视具体情况及与以下诸项的特性相关的详细的科学技术资料。

（a）受体生物体或亲本生物体。受体生物体或亲本生物体的生物特性，如有关生物分类状况、通用名称、起源、起源中心和遗传多样性中心诸方面的资料，应提供此种资料，并附上有关所涉生物体可赖以存活或增生的各种生境的说明；

（b）供体生物体。供体生物体的生物分类状况和通用名称、来源及有关的生物特性；

（c）媒体。媒体的特性，包括其可能的标识及其来源或起源，以及其宿主范围；

（d）植入和（或）改变的特点。所植入的核酸的遗传特性及其特定功能，和（或）所引入的改变的特点；

（e）改性活生物体。改性活生物体的标识，以及有关改性活生物体的生物特性与受体生物体或亲本生物体的生物特性之间的差别；

（f）改性活生物体的发现和鉴别。建议采用的发现和鉴别方法及其特殊性、敏感性和可靠性；

（g）与预定用途相关的资料。与改性活生物体的预定用途相关的资料，其中包括与受体生物体或亲本生物体相比属于新的或经改变的用途；

（h）接收环境。关于所处位置、地理、气候和生态诸方面特点的资料，其中包括有关可能的潜在接收环境的生物多样性和起源中心的相关资料。

（二）风险管理

CBP议定书第16条第1款规定，缔约方应参照《公约》第8（g）条的规定，制定并保持适宜的机制、措施和战略，用以制约、管理和控制在本议定书风险评估条款中指明的、因改性活生物体的使用、处理和越境转移而构成的各种风险。

CBP议定书第16条第2款规定，应在必要范围内规定必须采取以风险评估结果为依据的措施，以防止改性活生物体在进口缔约方领土内对生物多样性的保护和可持续使用中所产生的不利影响，同时亦顾及对人类健康所构成的风险。

CBP议定书第16条第3款规定，每一缔约方均应采取适当措施，防止于无意之中造成改性活生物体的越境转移，其中包括要求于某一改性活生物体的首次释放之前进行风险评估等措施。

CBP议定书第16条第4款规定，在不妨碍以上第2款的情况下，每一缔约方均应作出努力，确保在把无论是进口的还是于当地研制的任何改性活生物体投入预定使用之前，对其进行与其生命周期或生殖期相当一段时间的观察。

CBP 议定书第 16 条第 5 款规定，缔约方应开展合作，以期确定可能对生物多样性的保护和可持续使用产生不利影响的改性活生物体或改性活生物体的某些具体特性，同时亦顾及对人类健康构成的风险；以及为处理此种改性活生物体或其具体特性所采取的适当措施。

（三）社会—经济因素

CBP 议定书第 26 条规定了应考虑的社会—经济因素：缔约方在按照本议定书或按照其履行本议定书的国内措施所作出进口决定时，可根据其国际义务，考虑到因改性活生物体对生物多样性的保护和可持续使用的影响而产生的社会—经济因素，特别是涉及生物多样性对土著和地方社区所具有的价值方面的社会—经济因素。

三、对二者的分析

SPS 协定与 CBP 议定书都规定了采取相关措施前的风险评估。SPS 协定规定了适当的动植物检疫保护水平的确定，以及控制、检查和批准程序的实施，CBP 议定书则规定了风险管理措施，二者之间具有许多相似之处，但是差异也很明显。

（一）风险评估技术

根据 SPS 协定第 5 条第 1 款规定，各成员要保证其动植物检疫措施依据对人类、动物或植物的生命或健康所做的适应环境的风险评估为基础，并要考虑有关国际组织制定的风险评估技术。CBP 议定书第 15 条规定，依照议定书进行的风险评估应以科学而合理的方式作出，同时应考虑采用已得到公认的风险评估技术。CBP 议定书附件 3 规定，风险评估应以科学、合理和透明的方式进行，并可计及相关的国际组织的专家意见及其所订立的准则。SPS 协定要求考虑的国际组织制定的风险评估技术，以及 CBP 议定书要求考虑的已得到公认的风险评估技术，尤其是相关的国际组织的专家意见及其所订立的准则具有相似性。

（二）风险评估的科学依据

根据 SPS 协定第 5 条第 2 款的规定，在进行风险评估时，各成员应考虑可获得的科学证据。根据 SPS 协定第 3 条第 3 款规定，各成员可以实施或维持比以有关国际标准、指南或建议为依据的措施所提供的保护水平更高的动植物检疫措施，但要有科学依据。根据 SPS 协定第 5 条第 7 款规定，在有关科学证据不充分的情况下，一成员可根据现有的有关信息，包括来自有关国际组织以及其他成员方实施的动植物检疫措施的信息，临时采用某种动植物检疫措施。在这种情况下，各成员应寻求获得额外的补充信息，以便更加客观地评估风险，并相应地在合理期限内评价动植物检疫措施。可见，SPS 协定非常关注成员方采取动植物检疫措施的科学依据。而在科学依据不充分的情况下，只能临时采用某种动植物检疫措施，并且在合理期限内要重新评价该动植物检疫措施，如果科学依据不充分就不能继续采用。

CBP 议定书附件 3 规定，在进行风险评估时，缺少科学知识或科学共识不应必然地被解释为表明有一定程度的风险、没有风险，或有可以接受的风险。也就是说，没有充分的科学依据也可能评定为存在风险，这与 CBP 议定书所遵循的预防原则是一致的。根据 CBP 议定书第 10 条第 6 款规定，在顾及对人类健康构成的风险的情况下，即使由于在改性活生物体对进口缔约方的生物多样性的保护和可持续使用所产生的潜在不利影响的程度方面未掌握充分的相关科学资料和知识，因而缺乏科学定论，也不应妨碍该缔约方酌情就改性活生物体的进口问题作出决定，以避免或尽最大限度减少此类潜在的不利影响。

（三）风险评估的主体

根据 CBP 议定书第 15 条规定，进口缔约方可以要求出口者进行风险评估，进口缔约方还可以要求发出提前知情同意程序中的通知者承担进行风险评估的费用，而进口缔约方一旦提出要求则发出通知者应当承担此种费用。SPS 协定中则没有要求出口者进行风险评估并承担费用的规定。CBP 议定书第 15 条规定，进口缔约方可以要求出口者进行风险评估并承担费用，如果进口缔约方只是有选择地要求一部分国家的出口者进行风险评估并承担费用，则属于对不同国家的出口者给予不同待遇,这与 WTO 非歧视原则中的最惠国待遇原则相悖。

(四) 社会、经济因素的考虑

SPS 协定第 5 条第 3 款规定了各成员在评估对动物或植物的生命或健康构成的风险,并决定采取措施达到适当的动植卫生物检疫保护水平,在防止这类风险时,应考虑到相关的经济因素。CBP 议定书第 26 条规定,缔约方在按照议定书或按照其履行议定书的国内措施作出进口决定时,可根据其国际义务,考虑到因改性活生物体对生物多样性的保护和可持续使用的影响而产生的社会—经济因素。

CBP 议定书规定,应考虑的社会—经济因素主要是涉及生物多样性对土著和地方社区所具有的价值方面的社会—经济因素。SPS 协定所要求考虑的经济因素主要是由于虫害或病害的传入、定居或传播,对生产或销售造成损失的潜在损害;在进口成员境内控制或根除病虫害的成本;以及采用其他方法来控制风险的相对成本效益。其所关注的仅仅是经济上的损害或者成本,而没有考虑社会因素。

(五) 所采取措施的水平标准

根据 SPS 协定第 3 条,各成员的动植物检疫措施应以国际标准、指南或建议为依据,符合国际标准、指南或建议的动植物检疫措施应被视为是保护人类、动物或植物的生命或健康所必需的措施,并被认为符合本协定和 1994 关贸总协定有关条款的规定。根据 SPS 协定第 3 条,国际标准、指南和建议是指:

(a) 在粮食安全方面,指食品法典委员会制定的有关食品添加剂、兽药和杀虫剂残存物、污染物、分析和抽样方法的标准、指南和建议,以及卫生惯例的守则和指南;

(b) 在动物健康和寄生虫病方面,指国际兽疫局主持制定的标准、指南和建议,以及卫生惯例的守则和指南;

(c) 在植物健康方面,指在《国际植物保护公约》秘书处与该公约框架下运行的区域组织合作制定的国际标准、指南和建议;

(d) 在上述组织未尽事宜方面,指经委员会认可,可参照向所有成员开放的其他有关国际组织公布的适当标准、指南和建议。

根据 SPS 协定第 5 条，各成员在确定适当的动植物检疫保护水平时，应考虑将对贸易的消极影响减少到最低程度这一目标，每一成员应避免在不同情况下任意或不合理地实施它所认为适当的不同的保护水平，不得对国际贸易产生歧视或变相限制，各成员应确保对贸易的限制不超过为达到适当的动植物卫生检疫保护水平所要求的限度，同时考虑其技术和经济可行性。

由此可见，SPS 协定要求成员方按照国际标准、指南或建议为依据确定动植物检疫措施水平，以及与国际标准、指南或建议不同的保护水平不得对国际贸易产生歧视或变相限制、不得超过为达到适当的动植物卫生检疫保护水平所要求限度，是为了统一成员方所采取的动植物检疫措施，根本目的是扫清壁垒，促进国际贸易自由化。SPS 协定第 4 条规定的等同对待（等效）也是为了尽可能统一成员方之间的动植物卫生检疫保护水平。

而 CBP 议定书体现的则是最低的风险防范水平。CBP 议定书第 14 条规定，缔约方可在符合议定书目标的前提下，与其他缔约方或非缔约方就有意越境转移改性活生物体问题订立双边、区域及多边协定和安排，但条件是此种协定和安排所规定的保护程度不得低于本议定书所规定的保护程度。各缔约方应通过生物安全资料交换所相互通报各自在本议定书生效日期之前或之后订立的任何此种双边、区域及多边协定和安排。

第五节　支持和保障措施的比较分析

一、WTO 相关协定中的支持和保障措施

（一）透明度原则

SPS 协定第 7 条和附件 2 规定了透明度原则。

1. 法规的公布

（1）各成员应确保将所有已获通过的动植物卫生检疫法规及时公布，以便感兴趣的成员能熟悉它们。

（2）除紧急情况外，各成员应允许在动植物卫生检疫法规的公布和开始生效之间有合理时间间隔，以便让出口成员、特别是发展中国家成员的生产商有足够时间调整其产品和生产方法，以适应进口成员的要求。

2. 咨询点

（1）每一成员应保证设立一咨询点，负责对有感兴趣的成员提出的所有合理问题作出答复，并提供有关下列内容的文件。

（a）在其境内采用或准备采用的任何动植物卫生检疫法规；

（b）在其境内实施的任何控制和检查程序、生产和检疫处理方法、杀虫剂允许量和食品添加剂批准程序；

（c）风险评估程序，所考虑的因素，以及适当的动植物检疫保护水平的确定；

（d）成员或其境内相关机构在国际和区域动植物卫生检疫组织和体系，以及在本协定范围内的双边和多边协议和安排中的成员资格和参与情况，以及此类协定和安排的文本。

（2）各成员应保证在感兴趣的成员索要文件副本时除运送成本外，应按向该成员国民提供的相同价格（如有的话）提供。

3. 通知程序

（1）当国际标准、指南或建议不存在或所提议的动植物卫生检疫法规的内容与国际标准、指南或建议的内容实质上不一致，并且如果规定对其他成员的贸易有重大影响，各成员应做到以下四点。

（a）及早发布通知，以便感兴趣的成员能熟悉含有特定法规的提案；

（b）通过秘书处通知其他成员法规所涵盖的产品，并对所提议的规定的目的和理由作一简要说明。这类通知应尽早在规定仍可修改和采纳意见时发出；

（c）根据要求向其他成员提供提议的法规的副本，并在可能情况下，标明与国际标准、指南或建议有实质性偏离的部分；

（d）在无歧视的前提下，给其他成员以合理的时间作书面评论，并根据要求讨论这些意见，并对这些评论和讨论的结果予以考虑。

（2）然而，当一成员发生或出现发生紧急的健康保护问题威胁时，该成员可在必要的情况下省略附件中所列举的这些步骤，但该成员必须：

（a）立即通过秘书处通知其他成员特定的法规及其涉及的产品，并简要说明该规定的目标和理由，其中包括紧急问题的性质；

（b）根据要求向其他成员提供规定的副本；

（c）允许其他成员提出书面评论，应并根据这些评论进行讨论，并对这些评论和讨论的结果予以考虑。

（3）提交秘书处的通知应使用英文、法文或西班牙文。

（4）发达国家成员根据其他成员要求，应提供文件副本。若是多卷文件，则提供一份用英文、法文或西班牙文书写的具体的通知，并附上所涉及文件的摘要。

（5）秘书处应及时将通知的副本散发结所有成员和感兴趣的国际组织，并提请发展中国家成员，对涉及特殊利益产品的通知引起注意。

（6）各成员应指定一个中央政府机构，由其负责照规定在全国范围内负责执行有关通知程序。

（二）技术援助

SPS协定第9条规定了技术援助的具体内容。

1. 各成员同意从促成以双边形式或通过适当的国际组织方便向其他成员、特别是发展中国家成员提供技术援助。这些援助尤其可以在加工技术、研究和基础设施，包括成立国家管理机构，也可以采取咨询、信贷、捐赠和转让，包括以寻求技术知识和设备等方式，以使这些国家能调整并遵从为达到其出口市场上的适当的动植物卫生检疫保护水平所必需的动植物检疫措施。

2. 当发展中国家出口成员为达到进口成员的动植物卫生检疫要求而需要大量投资时，后者应考虑提供这类技术援助，以使发展中国家成员得以维持和扩大其相关产品市场准入的机会。

(三) 特殊和差别待遇

SPS 协定第 10 条规定了特殊和差别待遇。

1. 各成员在准备和实施动植物检疫措施时，应考虑发展中国家成员，特别是最不发达国家成员的特殊需要。

2. 在适当的动植物卫生检疫保护水平允许留有分阶段采用新的动植物检疫措施的余地时，则应给予发展中国家成员有利害关系的产品更长的适应期，以维持其出口机会。

3. 为确保发展中国家成员能遵从本协定的规定，委员会有权根据这些成员的要求，并视其财政、贸易和发展需要，允许这些国家对于本协定项下义务的全部或部分享有具体和有时限的例外。

4. 各成员应鼓励和促进发展中国家积极参加有关国际组织。

二、CBP 议定书中的支持和保障措施

(一) 国家主管部门和国家联络点

CBP 议定书第 19 条规定了国家主管部门和国家联络点。

1. 每一缔约方应指定一个国家联络点，负责代表缔约方与秘书处进行联系。每一缔约方还应指定一个或数个国家主管部门，负责行使本议定书所规定的行政职能和按照授权代表缔约方行使此类职能。每一缔约方可指定一个单一的实体同时负责履行联络点和国家主管部门这两项职能。

2. 每一缔约方最迟应于本议定书对其生效之日将其联络点和主管部门的名称和地址通报秘书处。缔约方如果指定了一个以上的国家主管部门，则应将有关这些主管部门各自职责的资料随通知一并送交秘书处。如果属于此种情况，则此种资料至少应明确说明由哪一主管部门负责何种类别的改性活生物体。如在其国家联络点的指定方面

或在其国家主管部门的名称和地址或职责方面出现任何变更,缔约方应立即就此通知秘书处。

3. 秘书处应立即向各缔约方通报其根据以上第 2 款收到的通知,并应通过生物安全资料交换所提供此类信息资料。

(二) 信息交流与生物安全资料交换所

CBP 议定书第 20 条规定了信息交流与生物安全资料交换所。

1. 兹此建立生物安全资料交换所,作为《公约》第 18 条第 3 款所规定的资料交换所机制的一部分,以便于:

(a) 便利交流有关改性活生物体的科学、技术、环境和法律诸方面的信息资料和经验;

(b) 协助缔约方履行本议定书,同时顾及各发展中国家缔约方,特别是其中最不发达国家和小岛屿发展中国家,经济转型国家、以及属于起源中心和遗传多样性中心的国家的特殊需要。

2. 生物安全资料交换所应作为为以上第 1 款的目的相互交流信息资料的一种手段。它应作为连接渠道,提供各缔约方所提交的有关本议定书履行情况的信息资料。它还应在可能的情况下作为连接渠道,接通其他国际生物安全资料交流机制。

3. 在不妨碍对机密资料实行保密的情况下,每一缔约方应向生物安全资料交换所提供本议定书要求向生物安全资料交换所提供的任何信息,以及下列方面的信息和资料。

(a) 为履行本议定书而制订的任何现行法律、条例和准则,以及各缔约方为实施提前知情同意程序而要求提供的信息和资料;

(b) 有关任何双边、区域及多边协定和安排的信息和资料;

(c) 在其实行管制过程中,根据第 15 条对改性活生物体进行风险评估或环境审查的结论摘要,其中应酌情包括有关其产品(即源于改性活生物体并经过加工的材料,其中含有凭借现代生物技术获得的可复制性遗传材料的可检测到的新异组合)的资料;

(d) 其针对改性活生物体的进口或释放作出的最终决定;

(e) 依照第 33 条提交的报告,包括有关提前知情同意程序实施情况的报告。

(三) 能力建设

CBP 议定书第 22 条规定了能力建设。

1. 各缔约方应开展合作,以有效履行本议定书为目的,通过诸如现有的全球、区域、分区域和国家机构和组织和酌情通过促进私人部门的参与等方式,协助发展中国家和经济转型国家缔约方、特别是其中最不发达国家和小岛屿发展中国家逐步建立和(或)加强生物安全方面的人力资源和体制能力,包括生物安全所需的生物技术。

2. 为执行以上第 1 款的规定,应依照《公约》中的相关条款,在生物安全的能力建设方面充分考虑到各发展中国家缔约方、特别是其中最不发达国家和小岛屿发展中国家对资金以及对获得和转让技术和专门知识的需求。在能力建设方面开展的合作应根据每一缔约方的不同情况、能力和需要进行,包括在对生物技术进行妥善、安全管理方面和为促进生物安全而进行风险评估和风险管理方面提供科学技术培训,并提高生物安全方面的技术和体制能力。在此种生物安全能力建设中还应充分考虑到经济转型国家缔约方的需要。

(四) 公众意识和参与

CBP 议定书第 23 条规定了公众意识和参与。

1. 缔约方应:

(a) 促进和便利开展关于安全转移、处理和使用改性活生物体的公众意识及教育活动和参与,同时顾及对人类健康构成的风险,以利于生物多样性的保护和可持续使用。各缔约方在开展此方面工作时,应酌情与其他国家和国际机构开展合作;

(b) 力求确保公众意识和教育活动的内容包括使公众能够获得关于可能进口的、根据本议定书确定的改性活生物体的资料。

2. 各缔约方应按照其各自的法律和规章,在关于改性活生物体的决策过程中征求公众的意见,并在不违反关于机密资料的第 21 条的情况下，向公众通报此种决定的结果。

3. 每一缔约方应力求使公众知悉可通过何种方式公开获得生物安全资料交换所的信息和资料。

三、对二者的分析

（一）成员方主管部门

SPS 协定与 CBP 议定书都规定了缔约方应指定政府机构履行各自规定的职能。SPS 协定附件 2 要求各成员应指定一个中央政府机构，由其负责按照规定在全国范围内负责执行有关通知程序。CBP 议定书第 19 条要求，每一缔约方除了应指定一个国家联络点负责代表缔约方与秘书处进行联系外，还应指定一个或数个国家主管部门负责行使议定书规定的行政职能和按照授权代表缔约方行使此类职能。但是，SPS 协定要求各成员指定的中央政府机构是负责执行有关通知程序，而 CBP 议定书要求指定的政府机构除了代表缔约方与秘书处进行联系外，还要行使议定书规定的行政职能，职权范围明显大于 SPS 协定要求各成员指定的中央政府机构。

（二）信息交流机制和场所

SPS 协定与 CBP 议定书都规定了信息交流机制。SPS 协定把成员方法规的公布和信息咨询分开规定，更凸显成员方动植物卫生检疫法规在国际贸易中的重要性。而且，SPS 协定还规定了当国际标准、指南或建议不存在，或所提议的动植物卫生检疫法规的内容与国际标准、指南或建议的内容实质上不一致，并且对其他成员的贸易有重大影响时，成员方具有及时、主动的通知义务。而且，SPS 协定的通知程序中还规定了成员方给其他成员以合理的时间作书面评论，并根据要求讨论这些意见，并对这些评论和讨论的结果予以考虑的义务。从目的上看，CBP 议定书建立生物安全资料交换所是为了便利交流有关改性活生物体的科学、技术、环境和法律诸方面的信息资料和经验；SPS 协定不但要求成员方的咨询点提供有关文件，而且还要负责对有感兴趣的成员提出的所有合理问题作出答复。

(三) 技术援助和能力建设

SPS 协定与 CBP 议定书都规定了对发展中国家提供资金、技术和专门知识等方面的援助。SPS 协定规定的援助范围更为广泛和具体，除上述外，还包括研究和基础设施，成立国家管理机构、咨询、信贷、捐赠、转让和提供设备等方式。SPS 协定的技术援助是针对其他成员的，只是特别强调给发展中国家成员提供技术援助。CBP 议定书的能力建设除了协助发展中国家缔约方、特别是其中最不发达国家和小岛屿发展中国家外，还特别强调应充分考虑经济转型国家缔约方的需要。

(四) 特殊和差别待遇、公众意识和参与

SPS 协定第 10 条规定了发展中国家成员，特别是最不发达国家成员的特殊和差别待遇。农产品贸易与各国利益攸关，尤其是发展中国家大多依赖农产品出口，在以农产品换取工业产品时，在贸易利益分配中没有得到对等回报。❶ 给予发展中国家特殊和差别待遇是广大发展中国家长期谈判斗争的结果，也是 WTO 基于各国经济发展状况作出的现实安排，其目的是确保发展中国家，特别是其中的最不发达国家，在国际贸易增长中获得与其经济发展需要相当的份额，保证充分就业和有效需求的大幅度稳定增长，以及扩大货物和服务的生产与贸易。CBP 议定书除了在能力建设方面给予发展中国家协助外，在改性活生物体越境转移方面没有专门针对发展中国家的特殊和差别待遇的规定。但是，特殊和差别待遇条款在法律上存在的无法执行性，"导致了发展中国家参加多边贸易体制中收益的不确定，破坏了谈判中形成的利益平衡关系。在新一轮多边谈判中，为了让 WTO 协定中的特殊和差别待遇条款更加清晰、明确和有效，就必须将相关的授权性义务转变为强制性义务，并为不精确的、无法执行的鼓励性条款建立可进行司法裁量的标准。当然，这一目标的实现将受制于特殊和差别待遇条款的性

---

❶ 陈亚平. WTO 与农产品贸易法律制度 [M]. 广州：华南理工大学出版社，2006：148.

质,更受制于多边贸易体制内各种政治和经济力量的协调。"❶

为了回避对人类健康所构成的风险,以利于生物多样性的保护和可持续使用,CBP议定书专门规定了促进和便利开展关于安全转移、处理和使用改性活生物体的公众意识,以及教育活动和公众参与的各项措施。公众参与,"是指社会公众均享有参与环境资源保护的权利,都能平等地参与环境决策和环境管理,并有权对政府的决策行为、管理行为和单位、个人的环境资源的利用行为进行监督。"❷ 公众参与解决环境问题是公民环境权的体现,也是人权的体现。人权被认为是人作为人应当享有的、不可非法剥夺或转让的权利。人权的最终目的在于保障人类不可缺少的生存和发展需求,保障人类的生命安全、人身自由和人格尊严,最根本的是生存权利。环境公众参与制度的推行是保障人权的一种体现,公民通过参与环境决策,有效保护自己最基本的生存权,通过行使自己的权利,维护自身在环境方面的利益。❸ 提高公众的环境保护意识,调动公众参与到环境保护活动中来,可以有效提高环境保护水平,这符合作为环境条约的CBP议定书的宗旨和目的。而SPS协定本质上是国际贸易条约,其更关注各成员方的措施是否构成贸易壁垒。

第六节 处理、运输、包装和标志的比较分析

一、WTO相关协定的规定

SPS协定附件1第1条规定,动植物检疫措施包括所有相关法律、法令、法规、要求和程序,特别包括与粮食安全直接有关的包装和标

---

❶ 车丕照,杜明. WTO协定中对发展中国家特殊和差别待遇条款的法律可执行性分析 [J]. 北大法律评论, 2005 (1).
❷ 杨沛川,潘焱. 环境公众参与原则理论基础初探 [J]. 经济与社会发展, 2009 (1).
❸ 卓光俊,杨天红. 环境公众参与制度的正当性及制度价值分析 [J]. 吉林大学社会科学学报, 2011 (4).

签要求等内容。与高科技粮食安全直接有关的包装和标签的动植物检疫措施属于 SPS 协定的适用范围。SPS 协定适用于各成员采取的动植物卫生检疫措施，这些措施的目的旨在防范病虫害、污染物、添加剂等对境内人类、动植物生命健康的危害。TBT 协定所指措施的主要目的在于规范产品的质量、规格等，这些措施并不直接防范产品中的病虫害、污染物、添加剂等对人类、动植物健康所造成的危害。因此，除了与高科技粮食安全直接有关的包装和标签措施外，农业高科技生物的处理、运输、包装和标志措施应适用 TBT 协议的相关规定，包括技术法规、标准和合格评定程序等。

动植物卫生检疫措施与技术性贸易措施的联系和区别在于：以肉类为例，肉品的生产和检疫方法、与肉品直接相连的包装、污染物、兽药残留等标准属于动植物卫生检疫措施；而肉类生产规格和禽兽年龄、脂肪百分比、肉品颜色、肉品种类等的质量规格均属于技术性贸易措施。[1]

二、CBP 议定书的规定

CBP 议定书第 18 条规定了改性活生物体的处理、运输、包装和标志。

1. 为了避免对生物多样性的保护和可持续使用产生不利影响，同时亦顾及对人类健康构成的风险，每一缔约方应采取必要措施，要求对凡拟作属于本议定书范围内的有意越境转移的改性活生物体，均参照有关的国际规则和标准，在安全条件下予以处理、包装和运输。

2. 每一缔约方应采取措施，要求：

（a）拟直接作食物或饲料或加工之用的改性活生物体应附有单据，明确说明其中"可能含有"改性活生物体且不打算有意将其引入环境之中；并附上供进一步索取信息资料的联络点。

---

[1] 董银果. 中国农产品应对 SPS 措施的策略及遵从成本研究 [M]. 北京：中国农业出版社，2011：30.

（b）预定用于封闭性使用的改性活生物体应附有单据，明确将其标明为改性活生物体；并具体说明安全处理、储存、运输和使用的要求，以及供进一步索取信息资料的联络点，包括接收改性活生物体的个人和机构的名称和地址；

（c）拟有意引入进口缔约方的环境的改性活生物体和本议定书范围内的任何其他改性活生物体应附有单据，明确将其标明为改性活生物体；具体说明其名称和特征及相关的特性和/或特点、关于安全处理、储存、运输和使用的任何要求，以及供进一步索取信息资料的联络点，并酌情提供进口者和出口者的详细名称和地址；以及列出关于所涉转移符合本议定书中适用于出口者的规定的声明。

3. 作为本议定书缔约方会议的缔约方大会应与其他相关的国际机构协商，考虑是否有必要，以及以何种方式针对标识、处理、包装和运输诸方面的习惯做法来制定标准。

三、对二者的分析

纵观 TBT 协定和 CBP 议定书有关处理、运输、包装和标志的规定，二者存在一些相似之处，但也有不同。

（一）国际标准的采纳

TBT 协定第 2 条第 4 款规定，如需制定技术法规，而有关国际标准已经存在或即将拟就，则各成员应使用这些国际标准或其中的相关部分作为其技术法规的基础，除非这些国际标准或其中的相关部分对达到其追求的合法目标无效或不适当。例如由于基本气候因素或地理因素或基本技术问题。TBT 协定附件 3《关于制定、采用和实施标准的良好行为规范》F 项规定，国际标准已经存在或即将拟就，标准化机构应使用这些标准或其中的相关部分作为其制定标准的基础，除非此类国际标准或其中的相关部分无效或不适当。例如由于保护程度不足，或基本气候、地理因素、基本技术等问题。这里的标准化机构包括 WTO 一成员领土内的任何标准化机构，无论是中央政府机构、地方政府机构,还是非政府机构;一个或多个成员为 WTO 成员的任何政府区域标准化机构;以及一个或多个成员位于 WTO 一成员领土内的任何非政府区域标准化机构。

CBP 议定书第 18 条第 1 款规定,每一缔约方应采取必要措施,要求对凡拟作属于本议定书范围内的有意越境转移的改性活生物体,均参照有关的国际规则和标准,在安全条件下予以处理、包装和运输。

二者都将国际标准作为制定技术法规或者采取措施的依据。但是,TBT 协定规定,成员方应将国际标准或其中的相关部分作为其技术法规的基础,标准化机构应使用这些标准或其中的相关部分作为其制定标准的基础。而 CBP 议定书则规定将国际标准作为参照。此外,CBP 议定书规定缔约方参照的不限于国际标准,还包括有关的国际规则。

(二)参与国际标准的制定

TBT 协定第 2 条第 6 款规定,为在尽可能广泛的基础上协调技术法规,各成员应在其力所能及的范围内充分参与有关国际标准化机构就各自已采用或准备采用的技术法规所涵盖的产品制定国际标准的工作。TBT 协定附件 3《关于制定、采用和实施标准的良好行为规范》G 项规定,为在尽可能广泛的基础上协调标准,标准化机构应以适当方式,在力所能及的范围内,充分参与有关国际标准化机构就其已采用或预期采用标准的主题制定国际标准的工作。对于一成员领土内的标准化机构,只要可能,即应通过一代表团参与一特定国际标准化活动,该代表团代表已采用或预期采用主题与国际标准化活动有关的标准的该成员领土内所有标准化机构。

CBP 议定书第 18 条第 3 款规定,作为本议定书缔约方会议的缔约方大会应与其他相关的国际机构协商,考虑是否有必要,以及以何种方式针对标识、处理、包装和运输诸方面的习惯做法来制定标准。

二者都规定了相关主体积极参与相关机构的标准制定工作。TBT 协定要求成员方和标准化机构力所能及地充分参与有关国际标准化机构国际标准的制定工作,CBP 议定书规定缔约方大会进行相关工作,主体存在差异。TBT协定要求参与有关国际标准化机构国际标准的制定工作，CBP议定书则要求应与其他相关的国际机构协商，这里的相关国际机构应当是包括但不限于国际标准化机构。此外，TBT协定要求积极地参与国际标准的制定工作，而CBP议定书则规定与其他相关的国际机构协商，来考虑是否有必要以及以何种方式制定标准，后者的强制性逊于前者。

（三）采取措施的目的

TBT协定第2条第2款规定，各成员应保证技术法规的制定、采用或实施在目的或效果上均不对国际贸易造成不必要的障碍。为此目的，技术法规对贸易的限制不得超过为实现合法目标所必需的限度，同时考虑合法目标未能实现可能造成的风险。此类合法目标特别包括：国家安全要求；防止欺诈行为；保护人类健康或安全、保护动物或植物的生命或健康及保护环境。在评估此类风险时，应考虑的相关因素特别包括：可获得的科学和技术信息、有关的加工技术或产品的预期最终用途。第2条第3款规定，如与技术法规采用有关的情况或目标已不复存在，或改变的情况或目标可采用对贸易限制较少的方式加以处理，则不得维持此类技术法规。有大量的证据表明，标准可以提高成本，可用以限制贸易。[1] TBT协定附件3《关于制定、采用和实施标准的良好行为规范》E项规定，标准化机构应保证不制定、不采用或不实施在目的或效果上给国际贸易制造不必要障碍的标准。TBT协定第5条第1款第2项规定，合格评定程序的制定、采用或实施在目的和效果上不应对国际贸易造成不必要的障碍。此点特别意味着：合格评定程序或其实施方式不得比给予进口成员对产品符合适用的技术法规或标准所必需的足够信任更为严格，同时考虑不符合技术法规或标准可能造成的风险。

根据TBT协定第2条第2款规定，保护人类健康或安全、保护动

---

[1] Jurgen Kurtz. A Look behind the Mirror: Standardisation, Institutions and the WTO SPS and TBT Agreements. UNSW law Journal. Vol. 30 (2), 2007.

物或植物的生命或健康及保护环境,是对贸易加以限制的合法目标之一。根据 CBP 议定书第 18 条第 1 款,缔约方采取必要措施,对有意越境转移的改性活生物体,在安全条件下予以处理、包装和运输的目的是,为了避免对生物多样性的保护和可持续使用产生不利影响,同时亦顾及对人类健康构成的风险,此处二者具有相似性。

基于 TBT 协定国际贸易条约的性质,其对技术法规、标准和合格评定程序作出规定的根本目的是为了避免成员国采取的措施对国际贸易造成阻碍。TBT 协定第 6 条关于中央政府机构对合格评定的承认也体现这一精神。该条规定,各成员应保证,只要可能,即接受其他成员合格评定程序的结果,即使这些程序不同于它们自己的程序,只要它们确信这些程序与其自己的程序相比同样可以保证产品符合有关技术法规或标准。各方认识到可能需要进行事先磋商,以便就有关事项达成相互满意的谅解,特别是关于:出口成员的有关合格评定机构的适当和持久的技术资格,以保证其合格评定结果的持续可靠性得到信任;在这方面,应考虑通过认可等方法核实其遵守国际标准化机构发布的相关指南或建议,作为拥有适当技术资格的一种表示;关于接受该出口成员指定机构出具的合格评定结果的限制。

(四) 非歧视待遇

TBT 协定第 2 条第 1 款规定,各成员应保证在技术法规方面,给予源自任何成员领土进口的产品不低于其给予本国同类产品或来自任何其他国家同类产品的待遇。TBT 协定附件 3《关于制定、采用和实施标准的良好行为规范》D 项规定,在标准方面,标准化机构给予源自 WTO 任何其他成员领土产品的待遇不得低于给予本国同类产品和源自任何其他国家同类产品的待遇。

TBT 协定第 5 条第 1 款第 1 项规定,合格评定程序的制定、采用和实施,应在可比的情况下以不低于给予本国同类产品的供应商或源自任何其他国家同类产品的供应商的条件,使源自其他成员领土内产品的供应商获得准入;此准入使产品供应商有权根据该程序的规则获得合格评定，包括在该程序可预见时，在设备现场进行合格评定并能得到该合格评定体系的标志。

TBT 协定的上述规定体现了作为 WTO 基本原则的非歧视原则，包括国民待遇原则和最惠国待遇原则两个方面内容。而 CBP 议定书则没有这样的规定，也就是并没有限制对不同缔约方的出口者采取不同措施，也没有限制缔约方对国民和其他缔约方的出口者采取不同的措施。

第七节　WTO 诸协定与 CBP 议定书的关系

CBD 公约第 22 条关于与其他国际公约的关系的规定为，本公约的规定不得影响任何缔约国在任何现有国际协定下的权利和义务，除非行使这些权利和义务将严重破坏或威胁生物多样性。CBP 议定书第 32 条规定了与 CBD 公约的关系，即除非本议定书另有规定，《公约》中有关其议定书的规定应适用于本议定书。根据 CBP 议定书的上述规定，在与其他国际公约的关系问题上，应适用 CBP 议定书的特别规定。而 CBP 议定书强调，不得将本议定书解释为缔约方根据任何现行国际协定所享有的权利和所承担的义务有任何改变，认为上述陈述无意使本议定书附属于其他国际协定。

在议定书谈判过程中，迈阿密集团提出生物安全议定书应设置保留条款，在与其他国际条约的关系中使议定书处于从属地位。欧盟和意见相同国家集团反对上述主张，认为《生物多样性公约》规定的事项更为具体，应优先于现有国际条约适用。❶ 经过激烈的辩论，CBP 议定书采取了不同于 CBD 公约的模糊性规定，强调不得将本议定书解释为缔约方根据任何现行国际协定所享有的权利和所承担的义务有任何改变，同时强调也无意使本议定书附属于其他国际协定。根据 CBD 公

---

❶ EU. Draft Council Conclusions on the Biosafety Protocol, Report No. 13344/99ENV409.

约第 22 条的规定，在现有国际协定下的权利和义务的行使将严重破坏或威胁生物多样性的情况下，公约还具有一定的优先性。而 CBP 议定书的规定则使得 CBP 议定书与包括 WTO 诸协定在内的现有国际协定相互独立。

在议定书谈判过程中，迈阿密集团提出在将来发生高科技生物国际贸易争端时适用 WTO 争端解决机制，在解释上生物安全议定书与 WTO 规则保持一致。欧盟和意见相同国家集团则不同意将高科技生物进口限制争端提交 WTO 争端解决机制解决。❶

WTO 法是在 WTO 司法体系内被信赖的主要法律，但认识到 WTO 并不是在真空中起作用是至关重要的，WTO 法与其他法律的关系问题越来越重要。WTO 协定并没有对条约冲突做出原则性的规定。但是，"全部国际法都可能与作为 WTO 专家组适用的法律相关联。但是如提到 WTO 法，我们并不是指所有可能与 WTO 专家组适用法律相关的法律。相反，我们将 WTO 法的概念局限于在 WTO 范围内产生且专门适用于 WTO 的法律。这种法律主要由 WTO 条约组成。""只有根据 WTO '所包括的协定'提出的主张才属于 WTO 专家组和上诉机构的实体管辖范围。"❷ 根据以上所述，CBP 议定书的规则是不能作为向 WTO 争端解决机构提出主张的依据的。

不加限制的贸易自由化将导致环境污染和破坏问题，良好的生态环境能为贸易自由化提供更大的发展空间。❸ 1994 年 4 月马拉喀什部长级会议通过的《关于贸易与环境的决定》指出，考虑到在维护和保障一个开放、非歧视和公平的多边贸易体制与采取行动保护环境及促进可持续发展之间不应存在、也无必要存在任何政策矛盾，期望协调贸易与环境领域的政策。决定设立贸易与环境委员会负责处理相关

---

❶ EU. Draft Council Conclusions on the Biosafety Protocol, Report No. 13344/99ENV409.

❷ [比] 约斯特·鲍威林. 周忠海，周丽瑛，等，译. 国际公法规则之冲突——WTO 法与其他国际法规则如何联系 [M]. 法律出版社，2005：51.

❸ 钟筱红，等. 绿色贸易壁垒法律问题及其对策研究 [M]. 中国社会科学出版社，2006：18.

事务。❶ 贸易和环境委员会根据建立世界贸易组织协定第 4 条开展行动，其使命也在后续的部长级会议上更新。❷ 有观点认为，WTO 必须提供一个标准化的机制用于创建和执行环境标准。一些环保主义者认为，通过 WTO 途径解决问题的做法应该完全放弃，因为作为一个哲学问题和实践，可持续发展与经济发展是根本不相容的。❸

调整农业高科技生物国际贸易的 WTO 诸协定与环境条约的冲突问题实质上是贸易与环境诸多悬而未决问题的一部分。如何解决 WTO 诸协定与其他条约的冲突问题，国内外学者有相关论述，❹ 本书不作阐述。

---

❶ 环境保护部. 中国转基因生物安全性研究与风险管理 [M]. 中国环境科学出版社，2008：175.

❷ Richard G. Tarasofsky. The WTO Committee on Trade and Environment：Is It Making a Difference？. Max Planck UNYB，3，1999.

❸ Mark S. Blodgett and Richard J. Hunter, Jr. The Environment and Trade Agreements：Should the WTO Become More Actively Involved？. Hastings Int'l & Comp. L. Rev. Vol. 33，2010.

❹ [比] 约斯特·鲍威林. 周忠海，周丽瑛，等，译. 国际公法规则之冲突—WTO 法与其他国际法规则如何联系 [M]. 法律出版社，2005 年版；廖诗评. 条约冲突基础问题研究 [M]. 法律出版社，2008；《转基因食品的国际法律冲突及协调研究》，法律出版社，2015，等等。

第六章　中国调整农业高科技生物国际贸易的法律规则

第一节　中国调整农业高科技生物国际贸易的法律体系

经过 20 年的渐进立法，目前我国已经初步建立调整农业高科技生物国际贸易的法律体系。

一、全国人大制定的法律

2006 年 4 月 29 日，第十届全国人大常务委员会第二十一次会议通过了《中华人民共和国农产品质量安全法》（简称《农产品质量安全法》）。该法第 42 条规定，进口的农产品必须按照国家规定的农产品质量安全标准进行检验；尚未制定有关农产品质量安全标准的，应当依法及时制定，未制定之前，可以参照国家有关部门指定的国外有关标准进行检验。

2012 年 12 月 28 日，第十一届全国人大常务委员会第三十次会议通过了修改的《中华人民共和国农业法》（简称《农业法》）。该法第 64 条规定，农业转基因生物的研究、试验、生产、加工、经营及其他应用，必须依照国家规定严格实行各项安全控制措施。

2015 年 4 月 24 日第十二届全国人民代表大会常务委员会第十四次会

议修订通过《中华人民共和国食品安全法》（简称《食品安全法》）。该法第 151 条规定，转基因食品和食盐的食品安全管理，该法未作规定的，适用其他法律、行政法规的规定。该法第六章对包括转基因食品在内的食品进出口作出了规定。

二、国务院制定的行政法规

2001 年 5 月 9 日，国务院第 38 次常务会议通过了《农业转基因生物安全管理条例》。该条例是我国有关转基因生物安全管理的最重要的法律文件。条例详细规定了农业转基因生物的研究与试验、生产与加工、经营、进出口、监督检查等内容。条例第五章规定了农业转基因生物进出口的申请、审批、检验检疫、标识等内容。

2009 年 7 月 20 日国务院令第 557 号公布了修订的《中华人民共和国食品安全法实施条例》。该条例细化了《中华人民共和国食品安全法》有关食品进出口的法律规定。

三、有关部委制定的行政规章

1993 年 12 月 24 日，原国家科学技术委员会颁布了《基因工程安全管理办法》。这是我国第一部有关转基因生物安全管理的专门性行政规章。该办法第 3 条规定，该办法适用于在中华人民共和国境内进行的一切基因工程工作，包括实验研究、中间试验、工业化生产以及遗传工程体释放和遗传工程产品使用等。从国外进口遗传工程体，在中国境内进行基因工程工作的，应当遵守该办法。

1996 年 7 月 10 日，农业部根据《基因工程安全管理办法》颁布实施了《农业生物基因工程安全管理实施办法》。该办法规定了农业基因工程安全性评价、申报和审批、安全控制措施等内容。该办法第 4 条规定，凡在中国境内进行农业生物基因工程的实验研究、中间试验、环境释放或商品化生产按的该实施办法的规定施行；外国研制的农业生物遗传工程体及其产品拟在中国境内进行中间试验、环境释放或商品化生产，必须持有该国允许进行同类工作的证书，方可按该实施办法所规定的程序进行申请，否则不予受理。

2002年1月5日，农业部颁布了《农业转基因生物进口安全管理办法》《农业转基因生物安全评价管理办法》和《农业转基因生物标识管理办法》，细化了《农业转基因生物安全管理条例》的相关规定。《农业转基因生物进口安全管理办法》分别从用于研究和试验的农业转基因生物、用于生产的农业转基因生物和用作加工原料的农业转基因生物三个方面规定了农业转基因生物进口的安全管理制度。《农业转基因生物安全评价管理办法》第2条规定，在中华人民共和国境内从事农业转基因生物的研究、试验、生产、加工、经营和进口、出口活动，依照《农业转基因生物安全管理条例》规定需要进行安全评价的，应当遵守该办法。《农业转基因生物标识管理办法》第3条规定，在中华人民共和国境内销售列入农业转基因生物标识目录的农业转基因生物，必须遵守该办法。凡是列入标识管理目录并用于销售的农业转基因生物，应当进行标识；未标识和不按规定标识的，不得进口或销售。

2004年5月24日，原国家质量监督检验检疫总局颁布了《进出境转基因产品检验检疫管理办法》。该办法第二章规定了转基因产品的进境检验检疫。该办法规定，进出境的高科技动植物及产品、微生物及产品、食品实行申报制度。检验检疫部门发现转基因成分与批准文件不符，或申报为非转基因产品，但经检测发现含有转基因成分的，检验检疫机构可通知货主或代理人作退货或销毁处理。

2002年4月8日，原卫生部颁布了《转基因食品卫生管理办法》。该办法规定了转基因食品的食用安全性与营养质量评价、生产或者进口审批、标识以及监督等内容。2007年12月1日原卫生部颁布了《新资源食品管理办法》，同时废止了《转基因食品卫生管理办法》。根据该办法，新资源食品是指在我国无食用习惯且符合食品基本属性的食品原料，包括动物、植物和微生物，从动物、植物、微生物中分离的食品原料，在食品加工过程中使用的微生物新品种，因采用新工艺生产导致原有成分或者结构发生改变的食品原料4种类别。作为食品的农业转基因生物进口应适用该办法的有关规定。

2006年7月10日,农业部发布农业行业标准《转基因植物及其产品食用安全性评价导则》,适用于转基因植物及其产品的食用安全性评价。该标准规定了基因受体植物、基因供体生物、基因操作的安全性评价和转基因植物及其产品的毒理学评价、关键成分分析和营养学评价、外源化学物蓄积性评价、耐药性评价。

2010年10月27日,农业部发布《转基因植物安全评价指南》,该指南规定,申请安全证书分为农业转基因生物安全证书(生产应用)和农业转基因生物安全证书(进口用作加工原料)两种类型,并进一步作了详细规定。

第二节　中国调整农业高科技生物国际贸易的主要法律规定

一、农业高科技生物安全评价制度

中国、印度和南非出于多种国内政治和国际贸易的原因,对转基因生物采取谨慎的策略。❶ 中国的安全评价既针对生产方法也针对产品。

《农业转基因生物安全管理条例》第7条规定,国家建立农业转基因生物安全评价制度。农业转基因生物安全评价的标准和技术规范,由国务院农业行政主管部门制定。《农业转基因生物安全评价管理办法》第2条,在中华人民共和国境内从事农业转基因生物的研究、试验、生产、加工、经营和进口、出口活动,依照规定需要进行安全评价的,应当遵守该办法。根据《农业转基因生物安全评价管理办法》,农业转基因生物安全评价的主要法律规定为:

---

❶ Richard B Steward. GMO Trade Regulation and Developing Countries. New York University. http://heinonline.org.

(一) 安全等级和安全评价

农业转基因生物安全实行分级评价管理，按照对人类、动植物、微生物和生态环境的危险程度，将农业转基因生物分为以下四个等级：安全等级Ⅰ：尚不存在危险；安全等级Ⅱ：具有低度危险；安全等级Ⅲ：具有中度危险；安全等级Ⅳ：具有高度危险。

农业转基因生物安全评价和安全等级的确定按以下步骤进行：（1）确定受体生物的安全等级；（2）确定基因操作对受体生物安全等级影响的类型；（3）确定转基因生物的安全等级；（4）确定生产、加工活动对转基因生物安全性的影响；（5）确定转基因产品的安全等级。

(二) 申报和审批

凡在中华人民共和国境内从事农业转基因生物安全等级为Ⅲ和Ⅳ的研究以及所有安全等级的试验和进口的单位以及生产和加工的单位和个人，应当根据农业转基因生物的类别和安全等级，分阶段向农业转基因生物安全管理办公室报告或者提出申请。农业部每年组织两次农业转基因生物安全评审。农业部自收到申请之日起两个月内，作出受理或者不予受理的答复；在受理截止日期后三个月内作出批复。

从事农业转基因生物试验和进口的单位以及从事农业转基因生物生产和加工的单位和个人，在向农业转基因生物安全管理办公室提出安全评价报告或申请前应当完成下列手续：（1）报告或申请单位和报告或申请人对所从事的转基因生物工作进行安全性评价，并填写报告书或申报书；（2）组织本单位转基因生物安全小组对申报材料进行技术审查；（3）取得开展试验和安全证书使用所在省（市、自治区）农业行政主管部门的审核意见；（4）提供有关技术资料。

从中华人民共和国境外引进农业转基因生物，或者向中华人民共和国出口农业转基因生物的，应当按照《农业转基因生物进口安全管理办法》的规定提供相应的安全评价材料。

根据《转基因植物安全评价指南》，申请进口用作加工原料农业转基因生物安全证书需要提供如下材料：（1）提供环境安全和食用安全综合评价报告。(2) 农业转基因生物技术检测机构出具的环境安全和食用安全检测报告,环境安全检测报告一般包括生存竞争能力、基因漂移的环境影响、对非靶标生物和生物多样性影响的评价资料等;食用安全检测报告一般包括抗营养因子分析、全食品喂养安全性(大鼠90天喂养)等。对于新性状、新类型的转基因植物的检测内容根据个案原则确定。(3) 提供外源插入片段整合进植物基因组的资料。包括能明确外源片段(如转化载体骨架、目的基因和标记基因等)整合拷贝数并具有转化事件特异性的分子杂交图谱,整合进植物基因组的外源片段的全长 DNA 序列和插入位点两端的边界序列,以及转化事件特异性 PCR 检测图等。(4) 提供完整的毒性、致敏性、营养成分、抗营养因子等食用安全资料。(5) 输出国家或者地区经过科学试验证明对人类、动植物、微生物和生态环境无害的资料。

(三) 技术检测管理

农业部根据农业转基因生物安全评价及其管理工作的需要,委托具备检测条件和能力的技术检测机构进行检测。

技术检测机构应当具备下列基本条件:(1) 具有公正性和权威性,设有相对独立的机构和专职人员;(2) 具备与检测任务相适应的、符合国家标准(或行业标准)的仪器设备和检测手段;(3) 严格执行检测技术规范,出具的检测数据准确可靠;(4) 有相应的安全控制措施。

技术检测机构的职责任务为:(1) 为农业转基因生物安全管理和评价提供技术服务;(2) 承担农业部或申请人委托的农业转基因生物定性定量检验、鉴定和复查任务;(3) 出具检测报告,做出科学判断;(4) 研究检测技术与方法,承担或参与评价标准和技术法规的制修订工作;(5) 检测结束后,对用于检测的样品应当安全销毁,不得保留;(6) 为委托人和申请人保守技术秘密和商业秘密。

中国的转基因生物技术检测体系由检测机构和检测标准两方面组成。其中检测机构是按照动物、植物、微生物 3 种生物类别,以及转基因产品成分检测、环境安全检测和食用安全性 3 类任务的要求进行设置，并考虑综合性、区域性和专业性3个层次进行相应的布局和建设。目前，已通过国家计量认证、农业部审核认可和农产品质量安全检测机构考核的食用安全技术检测机构2个、环境安全技术检测机构15个、产品成分检测机构18个。其中中国农业大学、中国疾病预防控制中心营养与食品安全所、天津卫生防病中心（转基因生物及其产品食用安全检测中心）等获得了农业部批准成为转基因生物技术检测单位。另外，在转基因生物检测标准方面，目前我国制定并实施的转基因产品检测标准共有17项，其中国家标准（GB）6项，检验检疫行业标准（SN）11项。❶

2002年以后，在借鉴国际食品法典委员会有关转基因食品评价指南，并总结我国转基因生物安全评价的实践基础上，农业部制定并颁布了《转基因植物安全评价指南》《转基因植物及其产品食用安全性评价导则》，对转基因植物及其产品食用安全评价要点、步骤及具体试验方法提出了明确要求。

转基因产品食用安全性的评价主要包括毒理学评价、致敏性评价和营养学评价。转基因食品的毒理学评价包括新表达蛋白质与已知毒蛋白和抗营养因子氨基酸序列相似性的比较，新表达蛋白质热稳定性试验，体外模拟胃液蛋白质消化稳定性试验。当新表达蛋白质无安全食用历史，安全性资料不足时，必须进行急性经口毒性试验；必要时应进行免疫毒性检测评价。新表达的物质为非蛋白质，如脂肪、碳水化合物、核酸、维生素及其他成分等，其毒理学评价可能包括毒物代谢动力学、遗传毒性、亚慢性毒性、慢性毒性/致癌性、生殖发育毒性等方面。致敏性主要评价方法包括基因来源、与已知过敏源的序列相似性比较、过敏患者的血清特异IgE抗体结合试验、定向筛选血清学试验、模拟胃肠液消化试验和动物模型试验等，最后综合判断其潜在致敏性。转基因食品在营养学评价上需要比较的主要内容有：主要营养

---

❶ 于洲. 各国转基因食品管理模式及政策法规［M］. 北京：军事医学科学出版社，2011：68-69.

因子、抗营养因子和营养生物利用率等。主要营养因子包括脂肪、蛋白质、碳水化合物、矿物质、维生素等;抗营养因子主要是指一些能影响人对食品中营养物质吸收和消化的物质。除了成分比较外,必须分析转基因所表达的目标物质在食品中的含量;按照个案分析的原则,如果是以营养改良为目标的转基因食品,那么还需要对其营养改良的有效性进行评价。❶

(四) 监督管理与安全监控

农业部负责农业转基因生物安全的监督管理,指导不同生态类型区域的农业转基因生物安全监控和监测工作,建立全国农业转基因生物安全监管和监测体系。县级以上地方各级人民政府农业行政主管部门按照负责本行政区域内的农业转基因生物安全的监督管理工作。有关单位和个人应当配合农业行政主管部门做好监督检查工作。

安全等级Ⅱ、Ⅲ、Ⅳ的转基因生物,在废弃物处理和排放之前应当采取可靠措施将其销毁、灭活,以防止扩散和污染环境。发现转基因生物扩散、残留或者造成危害的,必须立即采取有效措施加以控制、消除,并向当地农业行政主管部门报告。

农业转基因生物在贮存、转移、运输和销毁、灭活时,应当采取相应的安全管理和防范措施,具备特定的设备或场所,指定专人管理并记录。

发现农业转基因生物对人类、动植物和生态环境存在危险时,农业部有权宣布禁止生产、加工、经营和进口,收回农业转基因生物安全证书,由货主销毁有关存在危险的农业转基因生物。

二、农业高科技生物经营许可制度

《农业转基因生物安全管理条例》第 26 条,经营转基因植物种子、种畜禽、水产苗种的单位和个人,应当取得国务院农业行政主管部门

---

❶ 于洲. 各国转基因食品管理模式及政策法规 [M]. 北京:军事医学科学出版社,2011: 72 - 73.

颁发的种子、种畜禽、水产苗种经营许可证。

经营单位和个人申请转基因植物种子、种畜禽、水产苗种经营许可证，除应当符合有关法律、行政法规规定的条件外，还应当符合下列条件：（1）有专门的管理人员和经营档案；（2）有相应的安全管理、防范措施；（3）国务院农业行政主管部门规定的其他条件。

三、农业高科技生物追溯制度

《农产品质量安全法》第 24 条规定，农产品生产企业和农民专业合作经济组织应当建立农产品生产记录，如实记载下列事项：（1）使用农业投入品的名称、来源、用法、用量和使用、停用的日期；（2）动物疫病、植物病虫草害的发生和防治情况；（3）收获、屠宰或者捕捞的日期。农产品生产记录应当保存二年。禁止伪造农产品生产记录。国家鼓励其他农产品生产者建立农产品生产记录。

《农业转基因生物安全管理条例》第 27 条规定，经营转基因植物种子、种畜禽、水产苗种的单位和个人，应当建立经营档案，载明种子、种畜禽、水产苗种的来源、贮存、运输和销售去向等内容。

四、农业高科技生物标识制度

1. 农业转基因生物标识的适用范围

《农业转基因生物安全管理条例》第 28 条规定，在中华人民共和国境内销售列入农业转基因生物目录的农业转基因生物，应当有明显的标识。《农业转基因生物标识管理办法》第 3 条规定，在中华人民共和国境内销售列入农业转基因生物标识目录的农业转基因生物，必须遵守该办法。凡是列入标识管理目录并用于销售的农业转基因生物，应当进行标识；未标识和不按规定标识的，不得进口或销售。

2. 农业转基因生物标识的管理部门

农业部负责全国农业转基因生物标识的审定和监督管理工作。县级以上地方人民政府农业行政主管部门负责本行政区域内的农业转基因生物标识的监督管理工作。国家质检总局负责进口农业转基因生物在口岸的标识检查验证工作。

进口的农业转基因生物标识经农业部审查认可后方可使用，同时抄送国家质检总局、外经贸部等部门。

3. 农业转基因生物标识的责任主体

列入农业转基因生物目录的农业转基因生物，由生产、分装单位和个人负责标识；未标识的，不得销售。经营单位和个人在进货时，应当对货物和标识进行核对。经营单位和个人拆开原包装进行销售的，应当重新标识。

4. 农业转基因生物标识的标注方法

农业转基因生物标识应当载明产品中含有转基因成分的主要原料名称。

（1）高科技动植物（含种子、种畜禽、水产苗种）和微生物，高科技动植物、微生物产品，含有高科技动植物、微生物或者其产品成分的种子、种畜禽、水产苗种、农药、兽药、肥料和添加剂等产品，直接标注"转基因××"。

（2）高科技农产品的直接加工品，标注为"转基因××加工品（制成品）"或者"加工原料为转基因××"。

（3）用农业转基因生物或用含有农业转基因生物成分的产品加工制成的产品，但最终销售产品中已不再含有或检测不出转基因成分的产品，标注为"本产品为转基因××加工制成，但本产品中已不再含有转基因成分"，或者标注为"本产品加工原料中有转基因××，但本产品中已不再含有转基因成分"。

5. 农业转基因生物标识的标注要求

农业转基因生物标识应当醒目，并和产品的包装、标签同时设计和印制。难以在原有包装、标签上标注农业转基因生物标识的，可采用在原有包装、标签的基础上附加转基因生物标识的办法进行标注，但附加标识应当牢固、持久。

难以用包装物或标签对农业转基因生物进行标识时，可采用下列方式标注。

（1）难以在每个销售产品上标识的快餐业和零售业中的农业转基因生物，可以在产品展销（示）柜（台）上进行标识，也可以在价签上进行标识，或者设立标识板（牌）进行标识。

（2）销售无包装和标签的农业转基因生物时，可以采取设立标识板（牌）的方式进行标识。

（3）装在运输容器内的农业转基因生物不经包装直接销售时，销售现场可以在容器上进行标识，也可以设立标识板（牌）进行标识。

（4）销售无包装和标签的农业转基因生物，难以用标识板（牌）进行标注时，销售者应当以适当的方式声明。

（5）进口无包装和标签的农业转基因生物，难以用标识板（牌）进行标注时，应当在报检（关）单上注明。

有特殊销售范围要求的农业转基因生物，还应当明确标注销售的范围，可标注为"仅限于××销售（生产、加工、使用）"。

农业转基因生物标识应当使用规范的中文汉字进行标注。

五、农业高科技生物进出口安全管理制度

根据《农业转基因生物进口安全管理办法》，国家农业转基因生物安全委员会负责农业转基因生物进口的安全评价工作。农业转基因生物安全管理办公室负责农业转基因生物进口的安全管理工作。对于进口的农业转基因生物，按照用于研究和试验的、用于生产的和用作加工原料的三种用途实行管理。

（一）用于研究和试验的农业转基因生物的进口安全管理制度

从中华人民共和国境外引进安全等级Ⅰ、Ⅱ的农业转基因生物进行实验研究的，引进单位应当向农业转基因生物安全管理办公室提出申请，并提供下列材料：（1）农业部规定的申请资格文件；（2）进口安全管理登记表；（3）引进农业转基因生物在国（境）外已经进行了相应的研究的证明文件；（4）引进单位在引进过程中拟采取的安全防

范措施。经审查合格后,由农业部颁发农业转基因生物进口批准文件。引进单位应当凭此批准文件依法向有关部门办理相关手续。

从中华人民共和国境外引进安全等级Ⅲ、Ⅳ的农业转基因生物进行实验研究的和所有安全等级的农业转基因生物进行中间试验的,引进单位应当向农业转基因生物安全管理办公室提出申请,并提供下列材料:(1)农业部规定的申请资格文件;(2)进口安全管理登记表;(3)引进农业转基因生物在国(境)外已经进行了相应研究或试验的证明文件;(4)引进单位在引进过程中拟采取的安全防范措施;(5)《农业转基因生物安全评价管理办法》规定的相应阶段所需的材料。经审查合格后,由农业部颁发农业转基因生物进口批准文件。引进单位应当凭此批准文件依法向有关部门办理相关手续。

从中华人民共和国境外引进农业转基因生物进行环境释放和生产性试验的,引进单位应当向农业转基因生物安全管理办公室提出申请,并提供下列材料:(1)农业部规定的申请资格文件;(2)进口安全管理登记表;(3)引进农业转基因生物在国(境)外已经进行了相应的研究的证明文件;(4)引进单位在引进过程中拟采取的安全防范措施;(5)《农业转基因生物安全评价管理办法》规定的相应阶段所需的材料。经审查合格后,由农业部颁发农业转基因生物安全审批书。引进单位应当凭此审批书依法向有关部门办理相关手续。

从中华人民共和国境外引进农业转基因生物用于试验的,引进单位应当从中间试验阶段开始逐阶段向农业部申请。

(二)用于生产的农业转基因生物

境外公司向中华人民共和国出口转基因植物种子、种畜禽、水产苗种和利用农业转基因生物生产的或者含有农业转基因生物成分的植物种子、种畜禽、水产苗种、农药、兽药、肥料和添加剂等拟用于生产应用的,应当向农业转基因生物安全管理办公室提出申请,并提供下列材料:(1)进口安全管理登记表;(2)输出国家或者地区已经允许作为相应用途并投放市场的证明文件;(3)输出国家或者地区经过科学试验证明对人类、动植物、微生物和生态环境无害的资料；（4）境外公司在向中华人民共和国出口过程中拟采取的安全防范措施；（5）《农业转基因生物安全评价管理办法》规定的相应阶段所需的材料。

境外公司在提出上述申请时，应当在中间试验开始前申请，经审批同意，试验材料方可入境，并依次经过中间试验、环境释放、生产性试验三个试验阶段，以及农业转基因生物安全证书申领阶段。中间试验阶段的申请，经审查合格后，由农业部颁发农业转基因生物进口批准文件，境外公司凭此批准文件依法向有关部门办理相关手续。环境释放和生产性试验阶段的申请，经安全评价合格后，由农业部颁发农业转基因生物安全审批书，境外公司凭此审批书依法向有关部门办理相关手续。安全证书的申请，经安全评价合格后，由农业部颁发农业转基因生物安全证书，境外公司凭此证书依法向有关部门办理相关手续。

引进的农业转基因生物在生产应用前，应取得农业转基因生物安全证书，方可依照有关种子、种畜禽、水产苗种、农药、兽药、肥料和添加剂等法律、行政法规的规定办理相应的审定、登记或者评价、审批手续。

(三) 用作加工原料的农业转基因生物

境外公司向中华人民共和国出口农业转基因生物用作加工原料的，应当向农业转基因生物安全管理办公室申请领取农业转基因生物安全证书。

境外公司提出上述申请时，应当提供下列材料：（1）进口安全管理登记表；（2）安全评价申报书；（3）输出国家或者地区已经允许作为相应用途并投放市场的证明文件；（4）输出国家或者地区经过科学试验证明对人类、动植物、微生物和生态环境无害的资料；（5）农业部委托的技术检测机构出具的对人类、动植物、微生物和生态环境安全性的检测报告；（6）境外公司在向中华人民共和国出口过程中拟采取的安全防范措施。经安全评价合格后，由农业部颁发农业转基因生物安全证书。

在申请获得批准后，再次向中华人民共和国提出申请时，符合同一公司、同一农业转基因生物条件的，可简化安全评价申请手续，并提供以下材料：（1）进口安全管理登记表；（2）农业部首次颁发的农业转基因生物安全证书复印件；（3）境外公司在向中华人民共和国出口过程中拟采取的安全防范措施。经审查合格后，由农业部颁发农业转基因生物安全证书。

境外公司应当凭农业部颁发的农业转基因生物安全证书，依法向有关部门办理相关手续。

如果进口用作加工原料的农业转基因生物具有生命活力，那么应当建立进口档案，载明其来源、贮存、运输等内容，并采取与农业转基因生物相适应的安全控制措施，确保农业转基因生物不进入环境。

此外，根据《农业转基因生物进口安全管理办法》，向中华人民共和国境外出口农产品，外方要求提供非高科技农产品证明的，由口岸出入境检验检疫机构根据国务院农业行政主管部门发布的高科技农产品信息，进行检测并出具非高科技农产品证明。

六、农业高科技生物检验检疫管理制度

国家根据保护人类健康和安全、保护动物或者植物的生命和健康、保护环境、防止欺诈行为、维护安全的原则，制定调整必须实施检验的进出口商品目录并公布实施法定检验，对进出境动植物实施检疫，对进出口食品安全进行监督检验。❶ 各个口岸的检验检疫机构，发现外来有害生物应及时进行除害处理，只有检验合格出入境检验检疫机构才能签发入境货物通关单，海关凭入境通关单放行。❷

根据《农业转基因生物安全管理条例》第34条，从中华人民共和国境外引进农业转基因生物的，或者向中华人民共和国出口农业转基

---

❶ 王一晨. 出入境检验检疫依法行政概论［M］. 北京：化学工业出版社，2011：29.
❷ 曾祥华. 食品安全法导论［M］. 北京：法律出版社，2013：276.

因生物的，引进单位或者境外公司应当凭国务院农业行政主管部门颁发的农业转基因生物安全证书和相关批准文件，向口岸出入境检验检疫机构报检；经检疫合格后，方可向海关申请办理有关手续。根据该条例第35条，农业转基因生物在中华人民共和国过境转移的，货主应当事先向国家出入境检验检疫部门提出申请；经批准方可过境转移，并遵守中华人民共和国有关法律、行政法规的规定。

根据《进出境转基因产品检验检疫管理办法》，对通过各种方式（包括贸易、来料加工、邮寄、携带、生产、代繁、科研、交换、展览、援助、赠送以及其他方式）进出境的转基因产品的检验检疫适用该办法。国家质量监督检验检疫总局（以下简称国家质检总局）负责全国进出境转基因产品的检验检疫管理工作，国家质检总局设在各地的出入境检验检疫机构（以下简称检验检疫机构）负责所辖地区进出境转基因产品的检验检疫以及监督管理工作。该办法所称"转基因产品"是指《农业转基因生物安全管理条例》规定的农业转基因生物及其他法律法规规定的转基因生物与产品，因此进出境农业转基因生物的检验检疫适用该办法。

（一）农业转基因生物进境检验检疫管理规定

国家质检总局对进境高科技动植物及其产品、微生物及其产品和食品实行申报制度。

货主或者其代理人在办理进境报检手续时，应当在《入境货物报检单》的货物名称栏中注明是否为转基因产品。申报为转基因产品的，除按规定提供有关单证外，还应当提供法律法规规定的主管部门签发的《农业转基因生物安全证书》（或者相关批准文件，以下简称批准文件）和《农业转基因生物标识审查认可批准文件》。

对于实施标识管理的进境转基因产品，检验检疫机构应当核查标识，符合农业转基因生物标识审查认可批准文件的，准予进境；不按规定标识的，需重新标识后方可进境；未标识的，不得进境。

对列入实施标识管理的农业转基因生物目录（国务院农业行政主

管部门制定并公布）的进境转基因产品，如申报是转基因的，检验检疫机构应当实施转基因项目的符合性检测，如申报是非转基因的，检验检疫机构应进行转基因项目抽查检测；对实施标识管理的农业转基因生物目录以外的进境动植物及其产品、微生物及其产品和食品，检验检疫机构可根据情况实施转基因项目抽查检测。检验检疫机构按照国家认可的检测方法和标准进行转基因项目检测。

经转基因检测合格的，准予进境。如有下列情况之一的，检验检疫机构通知货主或者其代理人作退货或者销毁处理：（1）申报为转基因产品，但经检测其转基因成分与批准文件不符的；（2）申报为非转基因产品，但经检测其含有转基因成分的。

进境供展览用的转基因产品，须获得法律法规规定的主管部门签发的有关批准文件后方可入境，展览期间应当接受检验检疫机构的监管。展览结束后，所有转基因产品必须作退回或者销毁处理。如因特殊原因，需改变用途的，须按有关规定补办进境检验检疫手续。

（二）农业转基因生物过境检验检疫管理规定

过境的转基因产品，货主或者其代理人应当事先向国家质检总局提出过境许可申请，并提交以下资料：（1）填写《转基因产品过境转移许可证申请表》；（2）输出国家或者地区有关部门出具的国（境）外已进行相应的研究证明文件或者已允许作为相应用途并投放市场的证明文件；（3）转基因产品的用途说明和拟采取的安全防范措施；（4）其他相关资料。

国家质检总局自收到申请之日起270日内作出答复，对符合要求的，签发《转基因产品过境转移许可证》，并通知进境口岸检验检疫机构；对不符合要求的，签发不予过境转移许可证，并说明理由。

过境转基因产品进境时，货主或者其代理人须持规定的单证和过境转移许可证向进境口岸检验检疫机构申报，经检验检疫机构审查合格的，准予过境，并由出境口岸检验检疫机构监督其出境。对改换原包装及变更过境线路的过境转基因产品，应当按照规定重新办理过境手续。

(三) 农业转基因生物出境检验检疫管理规定

对出境产品需要进行转基因检测或者出具非转基因证明的，货主或者其代理人应当提前向所在地检验检疫机构提出申请，并提供输入国家或者地区官方发布的转基因产品进境要求。

检验检疫机构受理申请后，根据法律法规规定的主管部门发布的批准高科技生物技术应用于商业化生产的信息，按规定抽样送转基因检测实验室作转基因项目检测，依据出具的检测报告，确认为转基因产品并符合输入国家或者地区转基因产品进境要求的，出具相关检验检疫单证；确认为非转基因产品的，出具非转基因产品证明。

第七章　中国调整农业高科技生物国际贸易法律规则存在的问题

第一节　立法效力层级问题

国务院制定的《农业高科技生物安全管理条例》，农业部制定的《农业高科技生物进口安全管理办法》《农业高科技生物安全评价管理办法》和《农业高科技生物标识管理办法》，原国家质量监督检验检疫总局制定的《进出境转基因产品检验检疫管理办法》是目前较为系统地规制农业高科技生物进口的法律文件。但是，从效力层级上看，《农业高科技生物安全管理条例》是行政法规，《农业高科技生物进口安全管理办法》和《进出境转基因产品检验检疫管理办法》等属于部门规章。虽然全国人大常委会制定的《中华人民共和国食品安全法》《中华人民共和国农产品质量安全法》和《中华人民共和国农业法》涉及农业高科技生物的进出口，但并没有作出详细规定。

我国目前规制农业高科技生物进口的部门规章是由农业部、原国家质量监督检验检疫总局和原卫生部等单位依据本部门的行政管理权限分别制定的。《农业高科技生物进口安全管理办法》《农业高科技生物安全评价管理办法》和《农业高科技生物标识管理办法》由农业部基于对农业生物的管理权限制定。《进出境转基因产品检验检疫管理办法》由原国家质量监督检验检疫总局基于对进出境产品检验检疫的权限制定。《转基因食品卫生管理办法》以及现行的《新资源食品管理办法》由原卫生部基于对食品安全的管理权限制定。根据《中华人民共和国立法法》第 82 条，部门规章之间具有同等效力，在各自的权限范围内施行。上述部门规章的制定部门具有不同的管理权限，各部门规章只能在某个领域或者环节适用，在没有统一的上位法作为依据的情况下，部门规章之间往往缺乏协调和配合，这不利于全面调整农业高科技生物的进出口。❶

第二节　农业高科技生物标识制度不健全

农业高科技生物的标识是指在标签上标注转基因成分、毒性与过敏源的检测结果、营养成分的清单等，保障消费者能够根据标签来辨认农业高科技生物与传统农业生物。目前农业高科技生物标识制度主要存在如下问题。

一、要求进行标识的农业高科技生物范围较窄

《农业高科技生物安全管理条例》第 8 条规定，实施标识管理的农业高科技生物目录，由国务院农业行政主管部门及国务院有关部门制定、调整并公布。《农业高科技生物标识管理办法》第 3 条规定，凡是列入标识管理目录并用于销售的农业高科技生物，应当进行标识；未标识和不按规定标识的，不得进口或销售。根据《农业高科技生物标识管理办法》的附件《第一批实施标识管理的农业高科技生物目录》，列入强制标识的农业高科技生物及其产品有五大类 17 种，分别是：大豆种子、大豆、大豆粉、大豆油、豆粕；玉米种子、玉米、玉米油、玉米粉；油菜种子、油菜籽、油菜籽油、油菜籽粕；棉花种子；番茄种子、鲜番茄、番茄酱。但是该附件尚不足以涵盖需要标识的农业高科技生物。例如，目录中的大豆及大豆制品这一项中并没有规定高科

---

❶ 佟占军. 农业转基因生物进口的法律规制 [J]. 北京农学院学报，2013 (3).

技大豆制成的酱油、豆腐、腐乳等产品；目录还规定了高科技棉花种子需要标识，但是高科技棉籽制成的食用油却没有要求标识。❶

在朱燕翎诉雀巢公司侵害消费者知情权和选择权一案中，被告雀巢公司认为应当标识的是《农业高科技生物标识管理办法》规定需要标识的农业高科技生物，雀巢公司的产品"咖啡巧伴伴"不在标识的范围之内。根据原《转基因食品卫生管理办法》，以高科技动植物、微生物或者其直接加工品为原料生产的食品和食品添加剂需要标识，但是并没有明确需要标识的食品种类。农业部《农业高科技生物标识管理办法》的附件《第一批实施标识管理的农业高科技生物目录》规定，大豆粉应当进行标识，雀巢公司据此认为"咖啡巧伴伴"无须进行标识。

二、农业高科技生物标注方式欠缺

根据《农业高科技生物标识管理办法》，农业高科技生物的标识方法是：（1）高科技动植物（含种子、种畜禽、水产苗种）和微生物，高科技动植物、微生物产品，含有高科技动植物、微生物或者其产品成分的种子、种畜禽、水产苗种、农药、兽药、肥料和添加剂等产品，直接标注"转基因××"；（2）高科技农产品的直接加工品，标注为"转基因××加工品（制成品）"或者"加工原料为转基因××"；（3）用农业高科技生物或用含有农业高科技生物成分的产品加工制成的产品，但最终销售产品中已不再含有或检测不出转基因成分的产品，标注为"本产品为转基因××加工制成，但本产品中已不再含有转基因成分"，或者标注为"本产品加工原料中有转基因××，但本产品中已不再含有转基因成分"。也就是说，进口农业高科技生物只需要标注是否为高科技生物产品、是否为高科技生物原料加工、是否含有高科技生物成分，是一种非此即彼的界限分明的标识方法，这就排除了"可能含有

---

❶ 佟占军. 农业转基因生物进口的法律规制［J］. 北京农学院学报，2013（3）.

高科技生物成分"的标识方法。❶

第三节 农业高科技生物追溯制度不健全

农业高科技生物的追溯是指农业高科技生物的生产者和销售商建立信息档案制度,如实记录相关信息,在发现农业高科技生物对人体健康和环境产生不利影响时,可以依据生产商和销售商保留的档案信息及时查找到相关农业高科技生物,并采取必要措施。

一、法律依据不足

《食品安全法》第98条规定,进口商应当建立食品、食品添加剂进口和销售记录制度,如实记录食品、食品添加剂的名称、规格、数量、生产日期、生产或者进口批号、保质期、境外出口商和购货者名称、地址及联系方式、交货日期等内容,并保存相关凭证。记录和凭证保存期限不得少于产品保质期满后六个月;没有明确保质期的,保存期限不得少于二年。直接作为食品或者由农业高科技生物直接加工的食品可以适用上述规定,但是不用作食品的农业高科技生物却并未包括在内。

《农业高科技生物进口安全管理办法》第16条规定,进口用作加工原料的农业高科技生物如果具有生命活力,应当建立进口档案,载明其来源、贮存、运输等内容,并采取与农业高科技生物相适应的安全控制措施,确保农业高科技生物不进入环境。该条规定为用作加工原料的农业高科技生物的追溯提供了法律依据。但是,该条规定仅限于具有生命活力的农业高科技生物,已经灭活的农业高科技生物、用于研究和试验的农业高科技生物、用于生产的农业高科技生物却无法适用。❷

---

❶ 佟占军. 农业转基因生物进口的法律规制 [J]. 北京农学院学报,2013 (3).
❷ 佟占军. 农业转基因生物进口的法律规制 [J]. 北京农学院学报,2013 (3).

二、地区规定不统一

农业高科技生物追踪属于农产品追踪制度的一部分。中国关于农产品追踪的地区规定也不统一。中国部分省、市先后制定了一些农产品追踪方面的规章制度。农业部启动了包括北京、上海等八个城市在内的农产品质量安全追溯试点，建立信息库，推进网络平台建设，规范生产记录，要求生产者、加工者对农产品进行编码建档。[1] 2007 年，北京市制定了《北京市农业局关于推进北京市动物标识及疫病可追溯体系建设工作的意见》。2007 年，山东作为试点，构建了智能化食品安全追溯体系，为农产品溯源信息平台的建设和相关标准的制定提供了基础。2011 年，上海市颁布实施《上海市食用农产品安全监管暂行办法》。虽然中国部分省、市已经出台了农产品追溯措施，但是农产品追溯的规定并不一致。《北京市农业局关于推进北京市动物标识及疫病可追溯体系建设工作的意见》中确定了分级负责、确保质量的原则，规定北京市农业局负责全市动物标识溯源项目管理、操作规程和工作制度的制定、设备配发、市级数据中心建设、师资培训、督导检查等工作。各区、县要承担人员培训、设备资产管理、基础信息维护、人员权限管理、防检监溯源工作实施、数据采集等工作。而《上海市食用农产品安全监管暂行办法》中规定食用农产品的生产应当以推进农业标准化为导向，通过改善生产基地环境，加强技术指导，强化农用生产资料使用管理，在食用农产品生产的全过程推行安全卫生质量监督。食用农产品的经营应当以市场为引导，建立市场约束和行业自律机制，重点监控加工流通环节，完善各类市场内部安全卫生质量管理责任，及时发现和查处违法经营食用农产品的行为。以北京市和上海市为例。北京市和上海市在农产品追溯法律制度建设的立足点不统一，北京市以农产品追溯数据库、师资配备、技术指导方面为重点建设内容，而

---

[1] 樊虎玲，等. 农产品质量可追溯制度建设现状与思考［J］. 陕西农业科学，2012(5).

上海市主要以推进农业标准化为主导，强化农用生产资料的使用管理。这导致了各区域之间数据库系统不统一，对追溯区域间流通的农产品造成障碍。❶

三、追溯执法缺乏协调

农产品从"田间到餐桌"要经过生产、加工、配送、经营和消费等多个环节。2004年9月1日发布的《国务院关于进一步加强食品安全工作的规定》指出，"食品安全按照一个监管环节由一个部门监管的原则，采取分段监管为主、品种监管为辅的方式。"目前，中国的农产品质量安全管理是分段进行，农业部门负责监控生产的过程，质量管理部门负责监控加工过程，工商管理部门负责监管流通环节，卫生管理部门负责监管消费环节。在这种管理模式下，实现农产品全程追溯是存在困难的。❷

第四节　缺乏农业高科技生物召回制度

所谓召回制度，指一种产品存在着危害使用者人身财产安全的隐患或者存在一定的缺陷，为了避免消费者的合法权益受到侵害和社会公共利益受到损害，该产品的生产者或者销售者在发现这一情况时主动将存在缺陷或者具有危险的产品回收；相关的主管部门发现经营者对于存在缺陷的产品不加以处理时，可以强制该产品经营者尽快回收存在缺陷的产品。中国国家标准局在1985年3月颁布实施的《产品质量监督试行办法》中首次提出了产品召回，该办法规定：对于不按产品技术标准生产的产品，标准化管理部门有权制止产品出厂销售，……追回已售出的可能危及人身安全和健康的不合格产品。中国现行法律法规中虽有产品召回的规定，但是却无法适用于农业高科技生物的召回。

---

❶ 李向楠，佟占军. 中国农产品追溯法律制度探析［J］. 北京农学院学报，2014（3）.
❷ 李向楠，佟占军. 中国农产品追溯法律制度探析［J］. 北京农学院学报，2014（3）.

一、《缺陷消费品召回管理办法》的相关规定

2015年，国家质量监督检验检疫总局第151号文发布了《缺陷消费品召回管理办法》。在中华人民共和国境内生产、销售的消费品的召回及其监督管理适用该办法，但法律法规规章另有规定的，依照其规定。

该办法所称召回，是指消费品生产者对存在缺陷的消费品采取措施消除缺陷或降低、消除安全风险的活动。缺陷则是指由于设计、制造、警示标识等原因导致的在同一批次、型号或者类别的消费品中普遍存在的不符合国家标准、行业标准中保障人身、财产安全要求的情形，或者其他危及人身、财产安全的不合理的危险。

根据《缺陷消费品召回管理办法》，生产者是缺陷消费品的召回主体，消费品存在缺陷的，生产者应当依照该办法实施召回。生产者，是指在中国境内依法设立的生产消费品并以其名义颁发产品合格证明的企业。但从中国境外进口消费品到中国境内销售的企业或境外企业在中国境内设立的授权机构视为该办法规定的生产者。也就是说，销售进口消费品的中国境内企业和境外企业设立的授权机构在进口消费品发生法律规定的情形时，是有义务召回相关消费品的。

根据《缺陷消费品召回管理办法》，消费品是指消费者为生活消费需要购买、使用的产品。从这条规定看，作为消费品的农业高科技生物是可以由进口销售的中国境内企业和境外企业设立的授权机构召回的。但是，《缺陷消费品召回管理办法》的附件《依照本办法实施召回管理的消费品目录》规定，以下消费品属于实施召回管理的消费品：（1）电子电器类：家用电器、音视频设备、电线电缆、照明电器、电动工具、电器附件、器具开关及自动控制设备、信息技术设备、电信终端设备；（2）儿童用品类：儿童文具、儿童饰品、儿童用塑料制品、儿童家具、儿童用纸制品、儿童用皮革、儿童游艺设施、儿童鞋类、儿童纺织品、儿童服装、其他儿童用品。农业高科技生物不属于实施召回管理的消费品目录之列。

二、《农产品质量安全法》的相关规定

《农产品质量安全法》第 50 条规定，农产品生产企业、农民专业合作经济组织销售的农产品有该法第 33 条第一项至第三项或者第五项所列情形之一的，责令停止销售，追回已经销售的农产品，对违法销售的农产品进行无害化处理或者予以监督销毁。

《农产品质量安全法》第 33 条规定，有下列情形之一的农产品，不得销售：(1) 含有国家禁止使用的农药、兽药或者其他化学物质的；(2) 农药、兽药等化学物质残留或者含有的重金属等有毒有害物质不符合农产品质量安全标准的；(3) 含有的致病性寄生虫、微生物或者生物毒素不符合农产品质量安全标准的；(4) 使用的保鲜剂、防腐剂、添加剂等材料不符合国家有关强制性的技术规范的；(5) 其他不符合农产品质量安全标准的。

《农产品质量安全法》第 50 条和第 33 条是农产品召回的直接法律依据。但是，根据《农产品质量安全法》第 50 条，负有义务召回相关农产品的是农产品生产企业和组织销售农产品的农民专业合作经济组织，农业高科技生物的进口商并不在上述主体之列，上述规定无法适用于进口农业高科技生物的召回。

三、《食品召回管理规定》的相关规定

2007 年，国家质量监督检验检疫总局第 98 号令发布了《食品召回管理规定》，在中华人民共和国境内生产、销售的食品的召回及其监督管理活动，应当遵守该规定。

《食品召回管理规定》所称的"召回"，是指食品生产者按照规定程序，对由其生产原因造成的某一批次或类别的不安全食品，通过换货、退货、补充或修正消费说明等方式，及时消除或减少食品安全危害的活动。该办法所称"不安全食品"，是指有证据证明对人体健康已经或可能造成危害的食品，包括：(1) 已经诱发食品污染、食源性疾

病或对人体健康造成危害甚至死亡的食品;(2)可能引发食品污染、食源性疾病或对人体健康造成危害的食品;(3)含有对特定人群可能引发健康危害的成分而在食品标签和说明书上未予以标识,或标识不全、不明确的食品;(4)有关法律、法规规定的其他不安全食品。

《食品召回管理规定》规定了食品的主动召回和责令召回。主动召回是指,在确认食品属于应当召回的不安全食品时,食品生产者应当立即停止生产和销售不安全食品。

责令召回是指,经确认有下列情况之一的,国家质检总局应当责令食品生产者召回不安全食品,并可以发布有关食品安全信息和消费警示信息,或采取其他避免危害发生的措施:(1)食品生产者故意隐瞒食品安全危害,或者食品生产者应当主动召回而不采取召回行动的;(2)由于食品生产者的过错造成食品安全危害扩大或再度发生的;(3)国家监督抽查中发现食品生产者生产的食品存在安全隐患,可能对人体健康和生命安全造成损害的。食品生产者在接到《责令召回通知书》后,应当立即停止生产和销售不安全食品。

作为食品的农业高科技生物是可以适用上述法律规定的。但是,《食品召回管理规定》的附则规定,进出口食品的召回管理,由出入境检验检疫机构按照国家质检总局有关规定执行。可见,在国际贸易领域,食用农业高科技生物的召回是不能适用《食品召回管理规定》的相关规定的。出入境检验检疫机构按照国家质检总局的哪些规定执行进出口食用农业高科技生物的召回管理,并不明确。

第五节　对违法行为的处罚力度不足

现行法律规定了农业高科技生物进口的法律责任。但是,这些法律责任主要是罚款和没收产品这样的财产处罚。例如,《农业高科技生物安全管理条例》第50条规定,未经国务院农业行政主管部门批准,擅自进口农业高科技生物的,由国务院农业行政主管部门责令停止进口,没收已进口的产品和违法所得;违法所得 10 万元以上的,并处违法所得 1 倍以上 5 倍以下的罚款;没有违法所得或者违法所得不足 10 万元的,并处 10 万元以上 20 万元以下的罚款。该条例第 51 条规定,进口、携带、邮寄农业高科技生物未向口岸出入境检验检疫机构报检的,或者未经国家出入境检验检疫部门批准过境转移农业高科技生物的,由口岸出入境检验检疫机构或者国家出入境检验检疫部门比照进出境动植物检疫法的有关规定处罚。《中华人民共和国进出境动植物检疫法》第 39 条则规定,未报检或者未依法办理检疫审批手续的;未经口岸动植物检疫机关许可擅自将进境动植物、动植物产品或者其他检疫物卸离运输工具或者运递的;擅自调离或者处理在口岸动植物检疫机关指定的隔离场所中隔离检疫的动植物的,由口岸动植物检疫机关处以罚款。而在现实中,这样的处罚难以有效制止违法者的行为。❶

---

❶ 佟占军. 农业转基因生物进口的法律规制 [J]. 北京农学院学报,2013 (3).

第八章　中国调整农业高科技生物国际贸易法律规则的完善建议

第一节　重构农业高科技生物进出口法律体系

根据《中华人民共和国立法法》的规定，一个法律体系应由各种不同效力层级的规范性文件构成：全国人民代表大会及其常务委员会制定的法律；国务院制定的行政法规；各地方人民代表大会及其常务委员会制定的地方性法规；国务院所属部委及直属机构制定的部门规章和地方政府制定的地方政府规章。一个完整的生物安全监管过程应当包括高科技生物生物的研究、实验、生产、加工、经营和进出口等环节。农业高科技生物的进口是高科技生物进出口的一个组成部分，专门对农业高科技生物的进口制定全国性的法律并不可行。除农业高科技生物之外，还有其他类型的高科技生物及其加工品，专门制定农业高科技生物安全的全国性法律会形成高科技安全立法条块分割的局面。因此，建议全国人大常务委员会制定《高科技生物安全法》，系统而全面地规定所有类型高科技生物的安全管理。国务院依据《高科技生物安全法》制定实施条例。农业部、卫生和计划生育委员会、国家质量监督检验检疫总局、环保部等有关部委依据《高科技生物安全法》在各自的权限范围内制定或者修改部门规章，并各司其职、相互配合，共同担负起高科技生物安全管理的职责。规制农业高科技生物进出口

的法律体系,以《高科技生物安全法》的有关规定为统领,以国务院的实施条例和各部委的规章作为有机组成部分,共同发挥作用。❶

第二节 完善农业高科技生物标识制度

一、调整列入标识管理的农业高科技生物目录

《农业高科技生物安全管理条例》和《农业高科技生物标识管理办法》都明确规定,列入标识管理的农业高科技生物目录,由国务院农业行政主管部门及国务院有关部门制定、调整并公布。《第一批实施标识管理的农业高科技生物目录》已发布十余年,农业部应当根据实际情况及时发布、调整第二批实施标识管理的农业高科技生物目录,将高科技大豆制成的酱油、豆腐、腐乳等产品,以及高科技棉籽制成的食用油等经常消费的制品纳入标识目录。❷

二、增加标识的标注方式

美国食品药品管理局仅要求在高科技生物技术使得产品出现营养含量变化或出现过敏性甚至毒性的实质改变时要强制标识高科技生物的内容。❸ 在高科技生物产品实质等同于传统产品时,高科技生物产品的生产者和销售者可以根据市场情况决定是否标注该产品含有高科技生物成分,这称为自愿标识制度。欧盟则严格监管高科技生物产品,要求强制进行标识。欧盟同时规定,如果产品中含有高科技生物成分是偶然的、技术上不可避免的,且该高科技生物成分在欧盟已被批准

---

❶ 佟占军. 农业转基因生物进口的法律规制 [J]. 北京农学院学报, 2013 (3).
❷ 佟占军. 农业转基因生物进口的法律规制 [J]. 北京农学院学报, 2013 (3).
❸ FDA. Statement of Policy: Foods Derived from New Plant Varieties [EB/OL]. http://www.fda.gov/Food/GuidanceRegulation/GuidanceDocumentsRegulatoryInformation/Biotechnology/ucm096095.htm. 2013 - 03 - 21.

使用，当所含高科技生物成分低于 0.9% 时，可以不进行标识。❶ 但是欧盟规定的 0.9% 的标准也由于缺乏明确的科学依据而遭受质疑。在一些国际贸易商品中还可以见到 "May contain GMO"（可能含有高科技生物）这样十分婉转的标识。这是因为在加工过程中，高科技生物成分可能发生变化或非高科技作物商品可能被高科技生物同类作物污染，为慎重起见，只能称 "可能含有"。❷ 我国可以规定高科技生物的生产者或者销售者在某种产品可能偶然混入高科技生物成分时自愿标注"本产品可能含有高科技生物成分"，以便于消费者选择。❸

第三节 健全农业高科技生物追溯制度

一、全面建立农业高科技生物追溯制度

由农业高科技生物的生产商或经销商建立档案信息，可以对农业高科技生物的来源和去向进行追溯。农业高科技生物的追溯制度为查找到可能产生不利影响的农业高科技生物提供了保障。消费者在受到农业高科技生物的侵害时，可以据以确定责任的承担者，从而保护消费者的合法权益。但是，《食品安全法》的规定只适用于直接作为食品或者由农业高科技生物直接加工的食品；《农业高科技生物进口安全管理办法》第16 条排除了已经灭活的农业高科技生物、用于研究和试验的农业高科技生物、用于生产的农业高科技生物的适用。我国应当全面建立农业高科技生物的追溯制度，在制定《高科技生物安全法》时可以对所有转基因生物的追溯制度作出统一规定，然后再根据农业高科技生物进口环节的

---

❶ EU. Regulation 1829/2003 of the European Parliament and of the Council of 22 September 2003 on genetically modified food and feed [EB/OL]. http：//eur-lex. europa. eu/LexUriServ/LexUriServ. do？uri = CELEX：32003R1829：EN；NOT. 2013 - 03 - 22.
❷ 吴东，等. 转基因食品标识问题辨析 [J]. 中国食物与营养，2012 (6).
❸ 佟占军. 农业转基因生物进口的法律规制 [J]. 北京农学院学报，2013 (3).

特殊要求在行政规章中规定更为具体的实施性措施。❶

农业高科技生物追溯制度需要记载农业高科技生物从产生到最终消费整个链条的信息。具体到进口的农业高科技生物，在中国国内需要记载从进口商进口环节到最终消费链条上的信息，对于出口的农业高科技生物，需要记载其从产生到出口商出口环节的信息。在农业高科技生物流转的过程中，每个环节的经营者都应建立农业高科技生物的信息档案，记载上一供货经营者和下一购买经营者的身份，同时还需要向下一购买经营者提供该农业高科技生物的必要信息，如农业高科技生物所属类别、所含高科技生物成分、含量和标识编码等信息。

二、统一各地关于追溯的规定

在中国部分省、市制定的规章制度基础上，统一各地关于追溯制度的法律规定。应建立统一信息库，推进网络平台建设，便于全国区域内农产品流通过程中的追溯法律制度全过程覆盖。此外，可以在全国统一实施投入品备案许可制度。对种子等投入品实施严格的准入备案许可制度，确保源头可控，以保证农产品的质量安全。流通环节是农产品可追溯信息化平台的一个重要监管环节，为有效杜绝假冒伪劣产品，应实施严格的流通管理制度。❷

三、统一追溯监管职责

2000年1月，美国发表《食品安全白皮书》，把安全作为目标，要求所有食品成分具有可追溯性，把"从田间到餐桌"的过程管理原则纳入卫生政策，提升了安全管理水平。美国建立了有效的农产品追溯体系，管理部门职责明确。美国负责食品质量安全的主要管理机构是：食品医药管理局（FDA）、食品安全与检验署（FSIS）、动植物卫生检验署（APHIS）、环境保护署（EPA）。美国在农产品的生产和进口过

---

❶ 佟占军. 农业转基因生物进口的法律规制［J］. 北京农学院学报，2013（3）.
❷ 李向楠，佟占军. 中国农产品追溯法律制度探析［J］. 北京农学院学报，2014（3）.

程中，要求所有生产企业必须按照 FDA 制度的规则进行生产，所有进口到美国的农产品必须经过 FDA 或美国农业部的登记，经检验合格的农产品才允许进口。在种植环节，推行良好的农业操作规范（GAP）管理体系，在加工环节推行良好生产操作规范（GMP）管理体系，无论哪个环节出现了问题都可以追溯到责任者。❶

中国应当加强在农业部门、工商部门、卫生部门和质检部门的协调，以促进农产品追溯管理工作。由于农产品质量重在抓源头监管，建议由农业部门承担农产品生产、运输、储备和市场流通质量安全监管工作，农产品生产及乡镇农贸市场的农产品质量安全由乡镇农业服务中心负责，农产品运输、物流储存由县级入境农产品检查机构负责，乡镇、城市定点牲畜屠宰场由商务部门管理调整为农业部门管理。国家在城市农产品批发市场、农贸市场集中地区增设农产品质量安全检测机构，机构由县级农业部门统一管理。❷

第四节 确立农业高科技生物召回制度

一、完善《农产品质量安全法》的规定

《农产品质量安全法》第 50 条规定，关于在法定情形下对农产品生产企业、农民专业合作经济组织销售的农产品责令停止销售，追回已经销售的农产品，对违法销售的农产品进行无害化处理，或者予以监督销毁的规定。《农产品质量安全法》是农业高科技生物召回的重要法律依据。

如果农业高科技生物有《农产品质量安全法》第 33 条规定的下列情形的，应予以召回：（1）含有国家禁止使用的农药、兽药或者其他

---

❶ 王芳, 陈松, 钱永忠. 发达国家食品安全风险分析制度建立及特点分析 [J]. 中国牧业通讯, 2009 (1).

❷ 李向楠, 佟占军. 中国农产品追溯法律制度探析 [J]. 北京农学院学报, 2014 (3).

化学物质的；（2）农药、兽药等化学物质残留或者含有的重金属等有毒有害物质不符合农产品质量安全标准的；（3）含有的致病性寄生虫、微生物或者生物毒素不符合农产品质量安全标准的；（4）使用的保鲜剂、防腐剂、添加剂等材料不符合国家有关强制性的技术规范的。

上述四项规定是包括农业高科技生物在内的所有农产品应予以召回的情形。但是，农业高科技生物还有自身特殊的召回情形。例如，进口的农业高科技生物未获得安全证书、冒用安全证书或者安全证书失效，该农业高科技生物可能危及人体健康时，也应予以召回。《农产品质量安全法》第 33 条第（5）规定，如有其他不符合农产品质量安全标准的情形的，应予以召回，这个概括性条款是解释适用农业高科技生物自身特殊召回情形的法律依据。

虽然《农产品质量安全法》第 50 条和第 33 条均可以作为农业高科技生物召回的法律依据。但是，根据《农产品质量安全法》第 50 条，负有义务召回相关农产品的并不包括农产品的进口商。因此，在农业高科技生物国际贸易领域，该法召回的相关规定无法适用于农业高科技生物的进口商。而《缺陷消费品召回管理办法》则规定，生产者是缺陷消费品的召回主体，但从中国境外进口消费品到中国境内销售的企业或境外企业在中国境内设立的授权机构视为生产者。建议在未来修改《农产品质量安全法》时借鉴《缺陷消费品召回管理办法》的规定，把从中国境外进口农产品到中国境内销售的企业或境外企业在中国境内设立的授权机构视为生产者。在修改《农产品质量安全法》之前，可以考虑通过司法解释作出规定，从中国境外进口农产品到中国境内销售的企业，或境外企业在中国境内设立的授权机构适用《农产品质量安全法》关于生产者的相关规定。

二、完善《缺陷消费品召回管理办法》的规定

根据《缺陷消费品召回管理办法》，从中国境外进口消费品到中国境内销售的企业或境外企业在中国境内设立的授权机构视为生产者。

根据《缺陷消费品召回管理办法》，消费品是指消费者为生活消费需要购买、使用的产品，作为消费品的农业高科技生物是可以由进口销售的中国境内企业和境外企业设立的授权机构召回的。但是，根据《缺陷消费品召回管理办法》的附件《依照本办法实施召回管理的消费品目录》，目前只有电子电器类和儿童用品类消费品实施召回管理。建议在《依照本办法实施召回管理的消费品目录》中增加农业高科技生物，对农业高科技生物实施该办法规定的召回管理，从而将《缺陷消费品召回管理办法》作为农业高科技生物召回的法律依据。

三、制订进、出口高科技生物产品召回的具体规定

《食品召回管理规定》的附则规定，进出口食品的召回管理由出入境检验检疫机构按照国家质检总局有关规定执行，因此进出口食用农业高科技生物的召回是不能适用《食品召回管理规定》的相关规定的。但是，出入境检验检疫机构按照国家质检总局的哪些规定执行进出口农业高科技生物的召回管理也并不明确。

农业高科技生物大多作为人类的食品及食品原料或者动物的饲料，因此其安全性是社会公众普遍关注的问题，其是否与传统食品同样安全，目前国际上尚无定论。对农业高科技生物及其产品的食用安全性的疑虑主要有：（1）毒性问题，即农业高科技生物可能存在潜藏的健康风险。如果高科技生物加入了原来没有的抗病虫害基因或抗除草剂基因，其本体有何变化、饲料中的高科技生物成分被家畜食用后是消化、分解、排泄，还是在其肌肉或器官中富集，人食用后有何影响，在环境中如何循环同化等风险如何出现，这些尚不得而知。（2）过敏性反应问题，即在引入外源性目的基因后，可能会使高科技生物带上新的遗传密码而产生新的蛋白质，引起食用者或接触者出现过敏性反应。（3）抗药性问题，抗生素基因标记在商业高科技作物中被大量使用，可能会一直存在于植物器官中，被转入人畜消化系统的细菌体内，使其对抗生素药物的治疗产生抗性。（4）有益成分问题，高科技生物

中的外源性目的基因可能改变生物原有的复杂生物化学路径，改变原有的新陈代谢，其生化作用的结果很难预料，还可能受环境条件变化的影响而导致变异。(5) 免疫力问题，即高科技生物及其产品有可能降低动物乃至人类的免疫能力，可能对动物及人类的健康产生影响。❶

以上所述是高科技生物产品不同于传统产品的特殊危险性，因此应当基于上述风险制定具体的高科技生物产品召回规定，以便为包括农业高科技生物在内的高科技生物产品的召回提供具体的法律依据。

第五节 加大对违法行为的处罚力度

现行法律对违法进口农业高科技生物规定了罚款和没收产品的法律责任。在违法成本较低的情况下，违法者往往会铤而走险，这样就无法达到有效制止其违法行为的目的。英国的《食品安全法》规定，食品标准局执法人员有查扣可疑食品、警告、禁止、命令、紧急禁止等权力；可以对违法食品采取查封、扣押、禁止移动和销售等强制措施；可以给予没收和销毁违法产品、责令停产停业、吊销营业执照等行政处罚。❷ 由于高科技生物存在着对人体健康和环境产生不利影响的可能性，因此对高科技生物的管理应比传统的同类产品更为严格。对违法者不应当仅采用处以罚款和没收财产的财产处罚，而且还应当剥夺其从事高科技生物经营的资格，并禁止违法者再进入该领域从事经营活动。❸

---

❶ 曾北危. 转基因生物安全 [M]. 北京：化学工业出版社，2004：50 – 54.
❷ 廖斌, 张亚军. 食品安全法律制度研究 [M]. 北京：中国政法大学出版社，2013：187.
❸ 佟占军. 农业转基因生物进口的法律规制 [J]. 北京农学院学报，2013 (3).

参考文献

一、中文文献

[1] [比] 约斯特·鲍威林. 国际公法规则之冲突——WTO法与其他国际法规则如何联系 [M]. 周忠海，周丽瑛，等，译. 北京：法律出版社，2005.

[2] [法]玛丽–莫尼克·罗宾. 孟山都眼中的世界——转基因神话及其破产 [M]. 吴燕，译. 上海：上海交通大学出版社，2013.

[3] [美] 路易斯·亨金. 国际法：政治与价值 [M]. 张乃根，等，译. 北京：中国政法大学出版社，2005.

[4] [美] 威廉·P. 坎宁安. 美国环境百科全书 [M]. 张坤民，等，译. 长沙：湖南科学技术出版社，2003.

[5] [瑞士]托马斯·伯纳尔. 基因、贸易和管制：食品生物技术冲突的根源 [M]. 王大明，刘彬，译. 北京：科学出版社，2011.

[6] [英] 安托尼·奥斯特. 现代条约法与实践 [M]. 江国青，译. 北京：中国人民大学出版社，2005.

[7] [英] 帕尼莎·波尼，埃伦·波义尔. 国际法与环境（第二版）[M]. 那力，王彦志，王小钢，译. 北京：高等教育出版社，2007.

[8] 边永民. 国际贸易规则与环境措施的法律研究 [M]. 北京：机械工业出版社，2005.

[9] 曹建明，贺小勇. 世界贸易组织 [M]. 北京：法律出版社，2004.

[10] 曾北危. 转基因生物安全 [M]. 北京：化学工业出版社，2004.

[11] 曾令良. 欧洲联盟法总论——以《欧洲宪法条约》为新视角 [M]. 武汉：武汉大学出版社，2007.

[12] 曾祥华. 食品安全法导论 [M]. 北京：法律出版社，2013.

[13] 车丕照. 国际经济法概要 [M]. 北京：清华大学出版社，2003.

[14] 陈亚平. WTO 与农产品贸易法律制度 [M]. 广州：华南理工大学出版社，2006.

[15] 陈亚芸. 转基因食品的国际法律冲突及协调研究 [M]. 北京：法律出版社，2015.

[16] 程红星. WTO 司法哲学的能动主义之维 [M]. 北京：北京大学出版社，2006.

[17] 董银果. 中国农产品应对 SPS 措施的策略及遵从成本研究 [M]. 北京：中国农业出版社，2011.

[18] 杜仕菊. 欧洲人权的理论与实践——以欧洲社会现代化进程为视角 [M]. 杭州：浙江人民出版社，2009.

[19] 龚宇. WTO 农产品贸易法律制度研究 [M]. 厦门：厦门大学出版社，2005.

[20] 环境保护部. 中国转基因生物安全性研究与风险管理 [M]. 北京：中国环境科学出版社，2008.

[21] 黄东黎，杨国华. 世界贸易组织法——理论、条约、中国案例 [M]. 北京：社会科学文献出版社，2013.

[22] 黄东黎. 国际贸易法学 [M]. 北京：法律出版社，2004.

[23] 李浩培. 条约法概论 [M]. 北京：法律出版社，2003.

[24] 李居迁. WTO 贸易与环境法律问题 [M]. 北京：知识产权出版社，2012.

[25] 联合国开发计划署. 2014 年人类发展报告——促进人类持续进步：降低脆弱性，增强抗逆力.

[26] 廖斌，张亚军. 食品安全法律制度研究 [M]. 北京：中国政法大学出版社，2013.

[27] 廖诗评. 条约冲突基础问题研究 [M]. 北京：法律出版社，2008.

[28] 刘芳. SPS 协定与我国检验检疫法律体系的完善 [M]. 北京：中国政法大学出版社，2014.

[29] 刘谦，朱鑫泉. 生物安全 [M]. 北京：科学出版社，2002.

[30] 罗承炳，邵军辉. 转基因食品安全法律规制研究 [M]. 长春：吉林人民出版社，2014.

[31] 毛新志. 转基因食品的伦理问题与公共政策 [M]. 武汉：湖北人民出版社，2010.

[32] 农业部农业转基因生物安全管理办公室,中国农业科学院生物技术研究所,中国农业生物技术学会. 转基因 30 年实践 [M]. 北京:中国农业科学技术出版社,2012.

[33] 钱永忠,王芳. 国外农产品质量安全监管及法律法规 [M]. 北京:法律出版社,2010.

[34] 任大鹏. 农产品质量安全法律制度研究 [M]. 北京:社会科学文献出版社,2009.

[35] 任建兰,等. 基于全球化背景下的贸易与环境 [M]. 北京:商务印书馆,2003.

[36] 申进忠. WTO 协调环境贸易关系的理论与实践 [M]. 北京:中国法制出版社,2003.

[37] 申俊江. 转基因的前世今生 [M]. 济南:山东大学出版社,2015.

[38] 王灿发,于文轩. 生物安全国际法导论 [M]. 北京:中国政法大学出版社,2009.

[39] 王传丽,等. WTO 农业协定与农产品贸易规则 [M]. 北京:北京大学出版社,2009.

[40] 王辉霞. 食品安全多元治理法律机制研究 [M]. 北京:知识产权出版社,2012.

[41] 王明远. 转基因生物安全法研究 [M]. 北京:北京大学出版社,2010.

[42] 王铁崖. 国际法 [M]. 北京:法律出版社 1995.

[43] 王一晨. 出入境检验检疫依法行政概论 [M]. 北京:化学工业出版社,2011.

[44] 韦贵红. 生物多样性的法律保护 [M]. 北京:中央编译出版社,2011.

[45] 吴三复. 现代科学技术概论 [M]. 北京:原子能出版社,1992.

[46] 徐淑萍. 贸易与环境的法律问题研究 [M]. 武汉:武汉大学出版社,2002.

[47] 许楚敬. 非 WTO 法在 WTO 争端解决中的运用 [M]. 北京:社会科学文献出版社,2012.

[48] 薛达元. 转基因生物安全与管理 [M]. 北京:科学出版社,2009.

[49] 于洲. 各国转基因食品管理模式及政策法规 [M]. 北京:军事医学科学出版社,2011.

[50] 余群芝. 贸易自由化与有效环境保护 [M]. 北京:中国财政经济出版

社，2003.

[51] 张小平. 全球环境治理的法律框架 [M]. 北京：法律出版社，2008.

[52] 张晓京. WTO 与粮食安全——法律与政策问题 [M]. 武汉：湖北人民出版社，2014.

[53] 赵福江，等. 食品安全法律保护热点问题研究 [M]. 北京：中国检察出版社，2012.

[54] 中国农村技术开发中心. 转基因科普小知识.

[55] 钟筱红，等. 绿色贸易壁垒法律问题及其对策研究 [M]. 北京：中国社会科学出版社，2006.

[56] 陈晨，薛达元. 农户种植抗虫棉的社会经济效益及其影响因素 [C] //薛达元. 转基因生物风险评估与管理——生物安全国际论坛第四次会议论文集. 北京：中国环境科学出版社，2012.

[57] 黄应龙. 论环境权及其法律保护 [M] //载徐显明. 人权研究（第二卷）. 济南：山东人民出版社，2002.

[58] 薛达元，等. 我国中小城市消费者对转基因食品态度的调查与研究 [C] //薛达元. 转基因生物风险评估与安全管理——生物安全国际论坛第三次会议论文集. 北京：中国环境科学出版社，2009.

[59] Clive James. 2014 年全球生物技术/转基因作物商业化发展态势 [J]. 中国生物工程杂志，2015（1）.

[60] Clive James. 2015 年全球生物技术/转基因作物商业化发展态势 [J]. 中国生物工程杂志，2016（4）.

[61] Clive James. 中国打造转基因关键作物/三驾马车 [J]. 中国生物工程杂志，2009（12）.

[62] 车丕照，杜明. WTO 协定中对发展中国家特殊和差别待遇条款的法律可执行性分析 [J]. 北大法律评论，2005（1）.

[63] 成晓维，等. 我国进出口农产品转基因成分检测与分析 [J]. 中国农业大学学报，2014（3）.

[64] 樊虎玲，等. 农产品质量可追溯制度建设现状与思考 [J]. 陕西农业科学，2012（5）.

[65] 付仲文，李宁. 美欧转基因农产品争端诉 WTO 案例分析 [J]. 世界农业，2008（3）.

[66] 何龙凉,等. 防城港口岸进境转基因大豆贸易概况及检验检疫分析 [J]. 大豆科学, 2013 (4).

[67] 李向楠, 佟占军. 中国农产品追溯法律制度探析 [J]. 北京农学院学报, 2014 (3).

[68] 刘云, 祝建华. 关于全球化下中国转基因食品的公共政策的研究综述 [J]. 科教文汇, 2007 (5).

[69] 逄金辉, 等. 转基因作物生物安全: 科学证据 [J]. 中国生物工程杂志, 2016 (1).

[70] 佟占军. 农业转基因生物进口的法律规制 [J]. 北京农学院学报, 2013 (3).

[71] 王芳, 陈松, 钱永忠. 发达国家食品安全风险分析制度建立及特点分析 [J]. 中国牧业通讯, 2009 (1).

[72] 王明远. "转基因生物安全"法律概念辨析 [J]. 法学杂志, 2008 (1).

[73] 吴军. 《生物多样性公约》的产生背景和主要内容 [J]. 绿叶, 2011 (9).

[74] 夏友富, 田风辉, 卜伟. 尚未设防 GMO——转基因产品国际贸易与中国进口定量研究 [J]. 国际贸易, 2001 (7).

[75] 吴东, 等. 转基因食品标识问题辨析 [J]. 中国食物与营养, 2012 (6).

[76] 杨沛川, 潘焱. 环境公众参与原则理论基础初探 [J]. 经济与社会发展, 2009 (1).

[77] 佚名. 转基因问题影响美玉米对中国出口 [J]. 畜牧业, 2013 (12).

[78] 中国生物工程学会科普工作委员会. 黄金大米及其安全性 [J]. 中国生物工程杂志, 2012 (9).

[79] 卓光俊, 杨天红. 环境公众参与制度的正当性及制度价值分析 [J]. 吉林大学社会科学学报, 2011 (4).

[80] 曹茸, 刘远. 美国人如何对待转基因——访美国农业部官员 [J] [EB/OL]. http://www.agri.cn/V20/SC/jjps/201109/t20110928_2312745.htm. 2015-01-05.

[81] 陈锡文. 一段时间内中国进口一定的转基因农产品不可避免 [J]. http://news.xinhuanet.com/2013lh/2013-03/07/c_124426989.htm. 2013-03-20.

[82] 管克江. 美最高法院推翻转基因作物禁令、今后转基因作物种植限制或被放宽 [EB/OL]. http://gs.people.com.cn/GB/188871/11969964.html. 2016-01-09.

[83] 胡笑红, 马梅芳. 消费者状告雀巢转基因案败诉 [EB/OL]. http://

www. china. com. cn/chinese/EC – c/689374. htm. 2014 – 03 – 09.

[84] 李铁. 破析中国式转基因谬误与谣言[EB/OL]. http：//news. sciencenet. cn/htmlnews/2011/7/250202 – 1. shtm. 2015 – 12 – 11.

[85] 李艳洁. 中国出口欧盟大米制品被查获非法转基因[N]. 中国经营报, 2012 – 06 – 18.

[86] 李燕. 朱燕翎诉雀巢转基因案昨再开庭[EB/OL]. http：//news. sina. com. cn/o/2006 – 03 – 08/01458385620s. shtml. 2014 – 03 – 09.

[87] 刘志强, 等. 济南市消费者对转基因食品的认知态度的调查与分析[N]. 中国农业科技导报, 2007 – 02 – 15.

[88] 农业部农业转基因生物安全管理办公室. 什么是基因？[EB/OL]. http：//www. moa. gov. cn/ztzl/zjyqwgz/zswd/201303/t20130331 _ 3420006. htm. 2015 – 04 – 14.

[89] 农业部农业转基因生物安全管理办公室. 什么是转基因食品？[EB/OL]. http：//www. moa. gov. cn/ztzl/zjyqwgz/zswd/201303/t20130331 _ 3420009. htm. 2015 – 04 – 14.

[90] 农业部网站. 农业部新闻办公室举行新闻发布会就"农业转基因有关情况"答记者问[EB/OL]. http：//www. gov. cn/xinwen/2016 – 04/14/content_5063985. htm. 2016 – 04 – 21.

[91] 农业部网站. 中国农科院生物技术专家就转基因安全问题答问[EB/OL]. http：//www. gov. cn/gzdt/2010 – 07/20/content_1659288. htm. 2013 – 09 – 25.

[92] 农业转基因生物安全管理办公室. 什么是转基因技术？[EB/OL]. http：//www. moa. gov. cn/ztzl/zjyqwgz/zswd/201303/t20130331 _ 3420007. htm. 2015 – 04 – 14.

[93] 饶毅. 转基因在美国的遭际[EB/OL]. http：scitech. people. com. cn/GB/131715/15124703. html. 2014 – 12 – 09.

[94] 人民日报. "黄金大米试验"疑云调查[EB/OL]. http：//news. xinhuanet. com/food/2012 – 09/05/c_123672864. htm. 2014 – 06 – 07.

[95] 人民网. 绿色和平组织状告沃尔玛违法销售转基因大米[EB/OL]. http：//finance. people. com. cn/GB/12002012. html. 2015 – 03 – 10.

[96] 人民网. 温家宝：决不能以牺牲人的生命来换取经济发展[EB/OL]. http：//money. 163. com/08/1018/08/4OHB8J3K00252G50. html. 2014 – 12 – 09.

[97] 石华. 转基因作物导致全球农药用量下降 [EB/OL]. http：//www.farmer.com.cn/kjpd/dtxw/201206/t20120615_724339.htm. 2015 – 04 – 20.

[98] 王晓郡. 欧盟批准种植转基因土豆 [EB/OL]. http：//news.qq.com/a/20100303/001627.htm. 2016 – 01 – 12.

[99] 新华网. 农业部就农业转基因技术与生物安全等问题答问 [EB/OL]. http：//news.xinhuanet.com/politics/2010 – 03/16/content_13182580.htm. 2013 – 10 – 09.

[100] 佚名. 权威发布：色拉油几乎全是"转基因"，知情权不到位 [EB/OL]. 商品与质量, 2005（7）.

[101] 佚名. 越南转基因玉米研讨会召开 [EB/OL]. http：//news.aweb.com.cn/20110915/450844092.shtml. 2015 – 12 – 11.

[102] 中国疾控中心，浙江省医科院和湖南省疾控中心. 关于《黄金大米中的β – 胡萝卜素与油胶囊中的β – 胡萝卜素对儿童补充维生素 A 同样有效》论文的调查情况通报 [EB/OL]. http：//www.chinafic.org/html/xinwen/725.html. 2014 – 06 – 07.

[103] 中华人民共和国海关. 2015 年 12 月出口主要商品量值表 [EB/OL]. http：//www.customs.gov.cn/publish/portal0/tab49667/info785153.htm. 2016 – 03 – 12.

[104] 朱勇. 新证据难助消费者胜雀巢，虹口法院昨一审判决原告朱燕翎败诉 [J]. http：//news.sohu.com/20051228/n241175076.shtml. 2014 – 03 – 09.

二、英文文献

[1] Alberto Alemanno. The first GMO Case in Front of the US Supreme Court：To Lift or Not to Lift the Alfalfa Planting Ban? [J]. EJRR. 2010（2）.

[2] Aaron A. Ostrovsky. The European Commission's Regulations for Genetically Modified Organisms and the Current WTO Dispute-Human Health or Environmental Measures? [M]//Why the Deliberate Release Directive is More Appropriately Adjudicated in the WTO under the TBT Agreement. Colo. J. Int'l Envtl. L. & Pol'y. 2004（15）.

[3] Aaron A. Ostrovsky. The New Codex Alimentarius Commission Standards for Food Created with Modern Biotechnology：Implications for the EC GMO Framework's Compliance with the SPS Agreement [J]. Michigan Journal of International Law. 2004（25）.

［4］ Aaron Cosbey and Stas Burgiel. The Cartagena Protocol on Biosafety: An analysis of results, An IISD Briefing Note ［J］. the International Institute for Sustainable Development, 2000.

［5］ Africa Center for Biosafety, Earthlife Africa, Environmental Rights Action – Friends of the Earth Nigeria, Grain and Safe Age: GM Food Aid: Africa Denied Choice Again? ［EB/OL］. http://acbio.org.za/gm-food-aid-africa-denied-choice-once-again/. 2015 – 11 – 19.

［6］ Akawat Laozvonsiri. Application of the Precautionary Principle in the SPS Agreement ［J］. University of Heidelberg, Max Planck Institute for Comparative Public Law and International Law and the University of Chile, 2009（3）.

［7］ Alan Boyle. International Human Law, Human Rights Approaches to Environmental Protection.

［8］ Alison Peck. Leveling the Playing Field in GMO Risk Assessment: Importers, Exporters and the Limits of Science. Boston University International Law Journal, 2010（Summer）.

［9］ Anne Ingeborg Myhr and Terje Traavik. The Precautionary Principle: Scientific Uncertainty and Omitted Research in the Context of GMO Use and Release ［J］. Journal of Agricultural and Environmental Ethics, 2002（15）.

［10］ Beyond Discrimination? the WTO Parses the TBT Agreement in US-Clove Cigarettes, WTO US-Tuna II（Mexico）, and US – Cool. Melbourne Journal of International Law. 2013（14）.

［11］ Brian Schwartz. WTO and GMOS: Analyzing the European Community's Recent Regulations Covering the Labeling of GeneticallyModified Organisms ［J］. Michigan Journal of International Law. 2004（Spring）.

［12］ Bryan Mercurio and Dianna Shao. A Precautionary Approach to Decision Making: The Evolving Jurisprudence on Article 5.7 of the SPS Agreement ［J］. Trade, Law and Development, 2010（2）.

［13］ Catherine Jean Archibald. Forbidden by the WTO? Discrimination against a Product When Its Creation Causes Harm to the Environment or Animal Welfare ［J］. Natural Resources Journal. 2008（48）.

［14］ CESCR: The Right to Adequate Food（Art. 11）. Adopted at the Twentieth Session of the Committee on Economic, Social and Cultural Rights [J]. General Comment, 1999 (12).

[15] Ching-Fu Lin. SPS-Plus and Bilateral Treaty Network: A "Global" Solution to the Global Food-Safety Problem? . Wisconsin International Law Journal, 2011 – 2012 (29).

[16] Chris Downes. The Rise andFall of the New EU Novel Food Regulation: The Complex Influence of the WTO SPS Agreement [J]. AJWH, 2013 (8).

[17] Claudio Mereu. Schizophrenic Stakes of GMO Regulation in the European Union [J]. EJRR, 2, 2012 (2).

[18] Clive James. Global Review of Commercialized Transgenic Crops: 1999 [EB/OL]. http://www.isaaa.org/resources/publications/briefs/12/default.html. 2015 – 11 – 17.

[19] Daniel P. Blank. Target-Based Environmental Trade Measures: A Proposal for the New WTO Committee on Trade and Environment [J]. Stanford Environmental Law Journal. 1996 (15).

[20] David E. Sella-Vidlla. Gently Modified Operations: How Environmental Concerns Addressed Through Customs Procedures Can Successfully Resolve The US-EU GMO Dispute [EB/OL]. http://heinonline.org.

[21] Dominic Gentile. International Trade and the Environment: What Is the Role of the WTO? [J]. Fordham Environmental Law Review, 2009 (19).

[22] Elen Stokes. EU Regulation of GMOs: Law and Decision Making for a New Technology [J]. Journal of Environmental Law, 2010 (22).

[23] Eric Gillman. Making WTO SPS Dispute Settlement Work: Challenges and Practical Solutions [J]. Northwestern Journal of International Law & Business, 2011 (31).

[24] Erik P. Bartenhagen. The Intersection of Trade and the Environment: An Examination of the Impact of the TBT Agreement on Ecolabeling Programs [J]. Virginia Environmental Law Journal, 1997 (17).

[25] EU. Draft Council Conclusions on the Biosafety Protocol [J]. Report No. 13344/99ENV409.

[26] EU. Regulation 1829/2003 of the European Parliament and of the Council of 22 September 2003 on genetically modified food and feed [EB/OL]. http://eur-

lex. europa. eu/LexUriServ/LexUriServ. do？ uri ＝ CELEX：32003R1829：EN：NOT. 2013 － 03 － 22.

［27］ FDA. Statement of Policy：Foods Derived from New Plant Varieties ［EB/OL］. http：//www. fda. gov/Food/GuidanceRegulation/GuidanceDocumentsRegulatory-Information/Biotechnology/ucm096095. htm. 2013 － 03 － 21.

［28］ Foost Pauwelyn. The WTO Agreement on Sanitary and Phytosanitary (SPS) Measures—as Applied in the First Three SPS Disputes ［J］. J. Int'I Econ. L. 1999 (2).

［29］ Francesco Sindico. Water Export Bans for Environmental Purposes before the WTO：A Reflection of the Difficult Relationship between Trade and Environment ［J］. http：//heinonline. org.

［30］ Freya Baetens. Safe Until Proven Harmful? Risk Regulation in Situations of Scientific Uncertainty：The GMO Case ［EB/OL］. The Cambridge Law Journal, 2007.

［31］ Gabrielle Marceau. Fragmentation in International Law：The Relationship between WTO Law and General International Law-a Few Comments from a WTO Perspective ［EB/OL］. http：//heinonline. org.

［32］ Gabrielle Marceau. Fragmentation in International Law：The Relationship between WTO Law and General International Law—a Few Comments from a WTO Perspective. Finnish Yearbook of International Law, 2006 (XVII).

［33］ Gabrielle Marceau. The New TBT Jurisprudence in US-CloveCigarettes, WTO US-Tuna II, and US – Cool ［J］. AJWH, 2013 (8).

［34］ GAO, Pengcheng. Rethinking the Relationship between the WTO and International Human Rights ［EB/OL］. http：//heinonline. org.

［35］ Graeme Hayes. Collective Action and Civil Disobedience：The Anti-GMO Campaign of the Faucheurs Volontaires ［J］. French Politics, 2007 (5).

［36］ Hal S. Shapiro. The Rules That Swallowed the Exceptions：The WTO SPS Agreement and Its Relationship to GATT Articles XX and XXI the Threat of the EU-GMO Dispute ［EB/OL］. http：//heinonline. org.

［37］ Health Canada, CFIA approve genetically engineered potato with reduced browning ［EB/OL］. http：//www. cbc. ca/news/canada/prince-edward-island/potato-gmo-farmers-food-crops － 1. 3504446. 2016 － 04 － 29.

[38] Henrik Horn and Petros C. Mavroidis. Environment, Trade, and the WTO Constraint: Bop till You Drop? [J]. RHDI, 2009 (62).

[39] Induced Nuisance: Holding Patent Owners Liable For GMO Cross-Contamination [J]. Emory Law Journal, 2014 (64).

[40] Irina Kireeva and Robert Black. Sanitary and Phytosanitary Legislation in the Russian Federation: A General Overview in Light of the WTO SPS Agreement and EU Principles of Food Safety [J]. Review of Central and East European Law, 2010 (35).

[41] Jacqueline Peel, Rebecca Nelson and Lee Godden. GMO Trade Wars: The Submissions in the EC-GMO Dispute in the WTO GMO Trade Wars [J]. Melbourne Journal of International Law, 2005 (6).

[42] Jill Lynn Nissen. Achieving a BalanceBetween Trade and the Environment: The Need to Amend the WTO/GATT to Include Multilateral Environmental Agreements [J]. Law & Policy in International Business, 1997 (28).

[43] Joanne Scott. European Regulation of GMOs and the WTO [J]. Columbia Journal of European Law, 2003 (Spring).

[44] Johannes S. A. Claus III. The European Union's Efforts to Sidestep the WTO through its Ban on GMOs: A Response to Sarah Lively's Paper, "The ABCs and NTBs of GMOs" [J]. Northwestern Journal of International Law & Business, 2003 (Fall).

[45] John H. Jackson. The Jurisprudence of GATT & the WTO [M]. Higher Education Press, 2002.

[46] Jonathan Carlone. An Added Exception to the TBT Agreement after Clove, TunaⅡ, and Cool [J]. Boston College International & Comparative Law Review, 2014 (37).

[47] Jurgen Kurtz. A Lookbehind the Mirror: Standardisation, Institutions and the WTO SPS and TBT Agreements [J]. UNSW law Journal, 2007 (30).

[48] Katie A. Lane. Protectionism or Environmental Activism? The WTO as a Means of Reconciling the Conflict between Global Free Trade andthe Environment. Inter-American Law Review, 2001 (32).

[49] Kazumochi Kometani. Trade and Environment: How Should WTO Panels Review

Environmental Regulations under GATT Articles III and XX? [J]. Northwestern Journal of International Law & Business, 1996 (16).

[50] Lukasz Gruszczynski. Insufficiency of Scientific evidence under Article 5. 7 of the SPS Agreement: Some remarks on the Panel Report in the EC-Biotech Products Case [J]. University of Ottawa Law & Technology Journal, 2009 (8).

[51] Lukasz Gruszczynski. How Deep Should We Go? Searching for an Appropriate Standard of Review in the SPS Cases [J]. EJRR, 2011 (1).

[52] "Labelers" To Protest FDA Inaction on GMO Food January 10 [EB/OL]. http://gov. ulitzer. com/node/2921016. 2014 – 06 – 25.

[53] Margot Wallstrom. The European Commission's Position on GMOs: Will Consumers be Convinced? [J]. The Fletcher Forum of World Affairs, 2001 (Summer).

[54] Maria Lee. EU Regulation of GMOs: Law and Decision Making for a New Technology [J]. Edward Elgar, 2008.

[55] Mark S. Blodgett and Richard J. Hunter, Jr. The Environment and Trade Agreements: Should the WTO Become More Actively Involved? [J]. Hastings Int'l & Comp. L. Rev, 2010 (33).

[56] Matthias Lamping. Shackles for Bees? The ECJ's Judgment onGMO-Contaminated Honey [J]. EJRR, 2012 (1).

[57] Michael Reiterer. The WTO Ministerial Conference—The Committee on Trade and Environment: Highlights of the Report to Ministers and Outlook on Future Work [J]. Austrian Rev, Int'l. & Eur. L. 1997 (2).

[58] Mike Meier. GATT, WTO, and the Environment: To What Extent Do GATT/WTO Rules Permit Member Nations to Protect the Environment When Doing So Adversely Affects Trade? [J]. Colo. J. Int'l Envtl. L. & Pol'y, 1997 (8).

[59] Norbert L. W Wilson. Clarifying the Alphabet Soup of the TBT and the SPS in the WTO [J]. Drake Journal of Agricultural Law, 2003 (8).

[60] Oren Perez. Anomalies at the precautionary kingdom: reflections on the GMO Panel's decision [J]. World Trade Review, 2007 (6).

[61] Poll. Skepticism of Genetically Modified Foods [EB/OL]. ABC News, 2013 – 06 – 19. http://abcnews. go. com/Technology/story? id = 97567. 2014 – 06 – 25.

[62] Richard B Steward. GMO Trade Regulation and Developing Countries. New York

University [EB/OL]. http: //heinonline. org.

[63] Richard G. Tarasofsky. The WTO Committee on Trade and Environment: Is It Making a Difference? [J]. Max Planck UNYB, 1999 (3).

[64] Richard H. Steinberg. Trade-Environment Negotiations in the EU, NAFTA and WTO: Regional Trajectories of Rule Development [J]. The American Journal of International Law, 1997 (91).

[65] Roda Mushkat. Potential Impacts of China's WTO Accession on its Approach to the Trade-Environment Balancing Act [J]. Chinese JIL, 2003.

[66] Ross H. Pifer. Mandatory Labeling Laws: What Do Recent State Enactments Portend for the Future of GMOs? [J]. Penn State Law Review. 2014 (Spring).

[67] Sara Dillon. Trade and the Environment: A Challenge to the GATT/WTO Principle of "Ever-Freer Trade" [J]. St. John's Journal of Legal Commentary, 1996 (11).

[68] Sarah Lively. The ABCs and NTBs of GMOs: The Great European Union-United States Trade Debate-Do European Restrictions on the Trade of Genetically Modified Organisms Violate International Trade Law? . Northwestern Journal of International Law & Business, 2002 (Fall).

[69] Sebastien Thomas. Trade and Environment under WTO Rules after the Appellate Body Report in Brazil-retreated tyres. Journal of International Commercial Law and Technology, 2009 (4).

[70] Simonetta Zarrilli. International Trade in GMOs and GM Products: National and Multilateral Legal Frameworks [J]. United Nations Conference on Trade and Development, 2005.

[71] Steve Charnovitz. A Critical Guide to the WTO's Report on Trade and Environment. Arizona Journal of International and Comparative Law, 1997 (14).

[72] Steve Charnovitz. A New WTO Paradigm for Trade and the Environment. Singapore Year Book of International Law, 2007 (11).

[73] Steve Charnovitz. Environment and Health under WTO Dispute Settlement. The International Lawyer, 1998 (32).

[74] Tania Voon. Sizing up the WTO: Trade-Environment Conflict and the Kyoto Protocol [J]. J. Transnational Law & Policy, 2000 (10).

[75] The EC and WTO Trade and Environment Case Law: Procedural Aspects, Legal Principles and Institutional Matters [J]. Cambridge Y. B. Eur. Legal Stud, 2000－2001 (3).

[76] The Food and Agriculture Organization of the United Nations. UN statement on the use of GM foods as food aid in Southern Africa [J]. http: //www. fao. org/english/newsroom/news/2002/8660-en. html.

[77] The Food and Agriculture Organization of the United Nations. http: //faostat. fao. org/site/368/DesktopDefault. aspx? PageID = 368#ancor. 2015－11－09.

[78] The World Trade Organization Millennium Conference in Seattle: The WTO Recognizes a Relationship between Trade and the Environment and Its Effect on Developing Countries [EB/OL]. http: //heinonline. org.

[79] Tobias Teufer. GMO-Regulation (EC) No. 1829/2003 and Honey: How to Proceed [J]. EFFL, 2011 (6).

[80] Travis Nunziato. You Say Tomato, I Say Solanum Lycopersicum Containing Beta-ionone and Phenylacetaldehyde: an Analysis of Connecticut's GMO Labeling Legislation [J]. Food and Drug Law Journal, 2014 (69).

[81] Un rapporteur and WTO head debate on the impact of trade on hunger [EB/OL]. https: //www. wto. org/english/forums_e/debates_e/debate14_summary_e. htm. 2014－12－12.

[82] UN. Declaration of the United Nations Conference on the Human Environment, U. N. Doc. A/CONF. 48/14 (1972).

[83] UNEP. Convention on Biological Diversity, 1997, Complication of the Views of Governments on the Contents of the Future Protocol. Monbeal: CBD Open-ended Ad Hoc Working Group on Biosafety. UNEP/CBD/DSWG/2/2.

[84] United Nations Development Programme, Human Development Report 2001: Making New Technologies Work For Human Development.

[85] Vanda Jakir. The New WTO Tuna Dolphin Decision: Reconciling Trade and Environment? [J]. CYELP, 2013 (9).

[86] Vesco Paskalev. Can Science Tame Politics: The Collapse of the New GMO Regime in the EU [J]. EJRR. 2012 (2).

[87] WTO. European Communities-measures Affecting Asbestos and Asbestos-containing

Products. WT/DS135.

[88] WTO. European Communities-measures Affecting the Approval andMarketing of Biotech Products. WT/DS291, WT/DS292 and WT/DS293.

[89] WTO. United States-Import Prohibition of Certain Shrimp and Shrimp Products. WT/DS58.

[90] WTO. United States-Standards for Reformulated and Conventional Gasoline. WT/DS2, WT/DS4.

[91] WTO. Brazil-Measures Affecting Imports of Retreaded Tyres. WT/DS332.

[92] WTO. EC Measures Concerning Meat and Meat Products (Hormones), WT/DS26, WT/DS48.

[93] Yenkong Ngangjoh-Hodu. Relationship of GATT Article XX Exceptions to Other WTO Agreements [EB/OL]. http://heinonline.org.